Über dieses Buch

Eindrucksvolle Märchen und Geschichten zum Erzählen und Vorlesen: Sie bieten Sternstunden der Besinnung und der Freude in der dunklen Jahreszeit.
Manche Märchen assoziieren wir mit Winter oder Weihnachten, obwohl in den Texten selbst wenig oder gar nicht die Rede davon ist: Das Hexenhäuschen aus »Hänsel und Gretel« gehört bei uns zum Brauchtum der Vorweihnachtszeit (hier wurde allerdings die Version von Ludwig Bechstein ausgewählt, in der das Haus aus Pfannkuchen und Brot besteht, aber zumindest die Fensterscheiben sind aus Kandiszucker), und dass es schneit, wenn Frau Holle die Betten schüttelt, wissen viele von uns auch noch.
Ein bisschen verwunderlich ist, wie wenige Märchen von der kalten Jahreszeit handeln. Aber eigentlich liegt die Erklärung dafür auf der Hand. In den Sommermonaten, wenn es lange hell war und es draußen viel zu tun gab, haben die Menschen sich keine Geschichten erzählt, dafür blieb keine Zeit. Das fand im Winter statt, wenn Wetter und frühe Dunkelheit die Menschen zwangen, im Haus zu bleiben. Das waren karge Monate, es war kalt, die Nahrung war knapp und es war schwierig, diese Zeit zu überstehen. Dann wollte man darüber nicht auch noch in Geschichten hören, sondern sehnte sich nach Licht und Wärme und der Fülle des Lebens.
Auch heute noch vermitteln Winter und Weihnacht Abschluss und Neuanfang. Es ist die Zeit der Jahresbilanzen und der neuen Ziele, der Wunschzettel und der Geschenke. Und von den damit verbundenen Mühen und Freuden erzählen die hier versammelten Märchen und Geschichten.

Über die Herausgeberin

Brunhilde Noffke, Jahrgang 1954, ist Märchensammlerin und lebt in Schleswig-Holstein. Von ihr wurde auch der Märchenkalender herausgegeben

Märchen für Winter und Weihnacht

Herausgegeben
von Brunhilde Noffke

KÖNIGSFURT-URANIA

Bibliographische Information der Deutschen Nationalbibliothek

Die Deutsche Nationalbibliothek verzeichnet diese Publikation in der Deutschen Nationalbibliographie; detaillierte bibliographische Daten sind im Internet über http://dnb.d-nb.de abrufbar.

Sonderausgabe
8. Auflage 2024

Königsfurt-Urania Verlag GmbH
Ringstr. 32, D-24103 Kiel
info@koenigsfurt-urania.com · www.koenigsfurt-urania.com

Satz: Satzbüro Noch & Noch, Menden
Umschlaggestaltung: Jessica Quistorff, Rendsburg,
unter Verwendung des folgenden Motivs von Fotolia:
»casa sull'albero in inverno« © Ellerslie
Druck und Bindung: Finidr s.r.o., Tschechische Republik
Printed in EU

ISBN 978-3-86826-040-3

Inhalt

Der goldene Schlüssel

Zur Winterszeit, als einmal tiefer Schnee lag, musste ein armer Junge hinausgehen und Holz auf einem Schlitten holen. Als er es nun zusammengesucht und aufgeladen hatte, wollte er, weil er so durchgefroren war, noch nicht nach Hause gehen, sondern erst Feuer machen und sich ein bisschen wärmen. Da scharrte er den Schnee weg, und als er so den Erdboden aufräumte, fand er einen kleinen goldenen Schlüssel. Nun glaubte er, wo der Schlüssel wäre, müsste auch das Schloss dazu sein, grub in der Erde und fand ein eisernes Kästchen. »Wenn der Schlüssel nur passt!« dachte er. »Es sind bestimmt kostbare Sachen in dem Kästchen.« Er suchte, aber es war kein Schlüsselloch da, endlich entdeckte er eins, aber so klein, dass man es kaum sehen konnte. Er probierte, und der Schlüssel passte glücklich. Da drehte er einmal herum …

und nun müssen wir warten, bis er ganz aufgeschlossen und den Deckel aufgemacht hat, dann werden wir erfahren, was für wunderbare Sachen in dem Kästchen lagen.

Vom Königreich der Sperlingsmenschen

Vor vielen Jahren lebte ein alter Mann, der war sehr arm. Er besaß nicht einmal eine Hütte, sondern wohnte mit seiner Frau oben am Berge in einer Höhle. Oft ging es ihnen so schlecht, dass die Frau am Morgen mit einer Nuss-Schale die Buchweizenkörner abmessen musste, die sie zu Mittag essen durften. Dabei waren sie aber noch mitleidig, und wenn im Winter Schnee gefallen war, dann fanden sich vor der Höhle die kleinen Vögel ein; denn sie wussten, dass der gute Alte mit ihnen teilte.

Einmal war der Mann an einem kalten Wintertage zum Holzfällen in den Wald gegangen. Da fand er auf dem harten Wege einen halberfrorenen Sperling. Er hauchte ihn warm und trug ihn an seinem Busen mit nach Hause. Als die Frau ihn sah, schalt sie, dass nun jeden Tag noch ein Esser mehr sein sollte. Der Alte aber sagte: »Es soll unser Kind sein.« Da wurde sie still und war es zufrieden, denn sie hatten keine Kinder.

Der hungrige Vogel war vom ersten Augenblick zahm und zutraulich zu den Alten. Er nahm sein Futter aus ihrer Hand und trank aus ihrem Becher. Als sie sich am Abend vor das Feuer setzten, flog er dem Alten von selber auf die Schulter, blies die Federn auf und nestelte sich behaglich in sich zusammen. Darüber waren die Alten ganz glücklich und gaben ihm den schönsten Namen, den sie sich ausdenken konnten.

Den Winter hindurch war der Sperling ihre Sorge und ihre Freude. Wenn die Sonne schien, flog er hinaus zu den anderen Vögeln; war das Wetter schlecht, blieb er in der Höhle. Er hörte, wenn er gerufen wurde, und begleitete den guten Alten, wohin er ging. Als aber der Frühling kam und die Berge grün wurden, war er eines Tages verschwunden. Ängstlich riefen die Alten nach ihm in der Höhle und auf ihrem kleinen Felde, doch er kam nicht. Der Mann ging auf den Hof des reichen Nachbarn; aber der stand mit einer Klapper vor seinem Hause und hatte alle kleinen Vögel verscheucht. Da lief der Alte eilends hinab nach der Quelle, wo sein Sperling mit anderen kleinen Vögeln zu spielen pflegte; doch als er unten ankam, fielen die Abendschatten ins Tal, und kein Vogel ließ sich mehr sehen. Traurig stieg der Alte wieder hinauf. Vor der Höhle stand seine Frau und schaute nach ihm aus. Als sie hörte, dass er vergebens gesucht hatte, wurde sie zornig und schalt auf das undankbare Tier. Der gute Alte verwies es ihr und sagte:

»Frau, du tust unrecht. Kannst du es ihm verdenken, dass er lieber in die Welt hinaus fliegt, durch die helle Luft über Berg und Meer bis in des Kaisers Garten, statt hier bei uns langweiligen, alten Leuten in der Höhle zu hocken? Er ist noch so jung und unverständig. Und wer weiß, vielleicht kommt er wieder, wenn es kalt wird.« Doch davon wollte sie nichts hören. Im Herzen aber grämte sich der Alte viel mehr als sie; denn er fürchtete, es könnte seinem Liebling ein Unglück zugestoßen sein.

Nicht lange darauf war er zum Reisiglesen in den Wald gegangen. In seinem Kummer hatte er des Weges nicht geachtet und war in eine Wildnis geraten, die er früher nie besucht hatte. Als er sich nach der Richtung umsah, glaubte er auf einmal seines Sperlings Stimme zu hören. Er warf sein Reisigbündel fort und eilte dem Klange nach, so schnell ihn seine Füße trugen. Da stand er plötzlich vor einem Abhange und sah mit Staunen vor sich ein weites Tal mit vielen schönen Häusern und Gärten, das er nie gekannt hatte. Es führte ein Weg den Abhang herauf, und auf diesem bewegte sich in goldenen und seidenen Gewändern ein Zug vornehmer Menschen mit Sperlingsköpfen. Der vorderste aber, der schönste und vornehmste von allen, war der Gast, den er einen ganzen Winter gepflegt hatte. In seiner Freude wollte ihm der Alte entgegeneilen, aber da kam ihm der Gedanke, es könnte den vornehmen Jüngling genieren, dass ihn so ein armer, alter Mann kannte, und er trat vom Wege zurück in den Busch und verneigte sich tief. Aber der Jüngling in den goldenen Gewändern eilte auf ihn zu, umarmte ihn wie ein Sohn und zeigte ihn den andern. Sie kannten ihn alle, begrüßten ihn freundlich und nahmen ihn mit ins Tal. Dort führten sie ihn in ihre Wohnungen und Paläste, die waren so herrlich, wie der Alte nie etwas gesehen hatte. Sie gaben ihm zu essen und zu trinken und richteten ein großes Fest an. Der gute Alte schämte sich, dass ihm so viel Ehre geschah; aber bald war er fröhlich mit den anderen. Am Abend fiel ihm ein, dass er nach Hause müsste zu seiner Frau. Er dankte seinen Wirten und nahm Abschied. Sie wollten ihm viele schöne Dinge schenken, aber er lehnte es ab, sie hätten ihm schon zuviel gegeben. Da brachte ihm noch sein Schützling einen einfachen, verschlossenen Korb, den nahm er an für seine Frau. Sie führten ihn an einen Richtweg, und ehe er sich's versah, war er in wohlbekannter Gegend.

Als er seiner Frau erzählt hatte, wie es ihm ergangen, machte sie neugierig den Korb auf, aber sie fand ihn ganz leer. Da stieß sie ihn beiseite und sagte: »Was sollen wir mit dem alten Bauernkorb! Wenn sie so reich sind, hätten sie dir auch was Besseres geben können.« Der gute Alte hob den Korb auf und sagte, als er auch nichts darin fand: »Ich wollte, sie hätten mir ein Stück von dem schönen Kuchen für dich hineingelegt!« Kaum hatte er die Worte gesprochen, so verbreitete sich ein lieblicher Duft in der Höhle, und in dem Korbe lag von demselben prächtigen Gebäck, das ihm die Sperlingsleute vorgesetzt hatten. Und das Wunder hielt an: Was er sich wünschen mochte, brauchte er nur zu nennen, dann fand er es in dem Korbe liegen.

Als der reiche Nachbar von dem Glück hörte, ging er zu dem Alten, ließ sich die ganze Geschichte erzählen und fragte genau nach dem Wege. Dann eilte er nach Hause, zog sich wie ein armer Holzfäller an und wanderte in den Wald. Richtig fand er auch das Tal jenseits der Berge; aber niemand kam ihm entgegen. Er stieg hinab, trat in die Häuser und erzählte den Leuten, was für ein guter Mensch er sei. Sie gaben ihm auch zu essen und zu trinken, als er sie darum bat, und am Abend, als er fort wollte und von einem Geschenke für seine Frau zu reden anfing, brachten sie zwei verschlossene Körbe getragen, einen großen und einen kleinen. Mit gieriger Freude griff er nach dem größeren und schleppte die schwere Last mühsam nach Hause. Aber als er ihn abgesetzt und sich ihn von unten bis oben voll Geld gewünscht hatte, da flog der Deckel ab, und es kroch ein furchtbares Gespenst heraus, das konnte kein Priester und kein Zauberer aus seinem Hause bannen.

Ein anderer Nachbar dachte, er wollte es klüger anfangen, ging zu dem guten Alten und sagte: »Leih mir doch deinen Wunderkorb auf ein Stündchen, dass ich mir auch etwas wünsche. Du hast ihn ja schon lange genug, und ich bringe ihn noch heute zurück.« Freundlich gewährte ihm der Alte die Bitte. Als der Nachbar den Korb nach Hause trug, dachte er, was er sich nun alles wünschen wollte, um die Zeit auszunutzen. Er wollte ihn so spät wie möglich zurückbringen, wenn er auch den Heimweg bei Nacht antreten müsste. Oder er wollte ihn lieber noch die Nacht zu Hause behalten und ihn am nächsten Morgen früh zurücktragen, dann könnte er die ganze Nacht aufbleiben und sich wünschen, dass er für sein Leben genug hätte. Noch besser wäre, er behielt ihn gleich den nächsten Tag über; eine Entschuldigung sei ja schnell gefunden. Übrigens wäre es wohl auch früh genug, wenn er den Korb in der nächsten Woche oder im nächsten Monat zurückschickte; der Alte könnte ihn immer noch behalten, solange er lebte. Aber was geschah? Als er in seinem Hause den Korb niedergesetzt und den ersten Wunsch ausgesprochen hatte, zischte es unter dem Deckel wie tausend Schlangen. Da wagte er nicht, ihn zu berühren, lief hinaus und schickte einen Knecht hinein, der musste ihn dem Alten zurücktragen.

Nun lebte der gute Alte mit seinem Weibe noch lange Jahre in Glück und Frieden und wurde ein Segen für sein ganzes Land. Aus weiter Ferne kamen die Unglücklichen zu ihm und baten um Hilfe. Den Armen konnte er Brot, den Kranken heilkräftige Arznei geben. Als er aber sein Ende nahe fühlte, da fürchtete er, der Korb könnte bösen Menschen in die Hände fallen, und so trug er ihn eines Tages wieder hinaus zu dem Sperlingsvolk in den Wald.

Da ist er noch jetzt, und wenn du willst, kannst du ihn holen.

Hänsel und Gretel

Es war einmal ein armer Holzhauer, der lebte mit seiner Frau und zwei Kindern in einer dürftigen Waldhütte. Die Kinder hießen Hänsel und Gretel, und wie sie so heranwuchsen, gebrach es immer mehr den armen Leuten an Brot. Auch wurde die Zeit immer schwerer und alle Nahrung teurer, das machte den beiden Eltern große Sorge. Eines Abends als sie ihr hartes Lager gesucht hatten, seufzte der Mann: »Ach Frau, wie wollen wir nur die Kinder durchbringen, da der Winter herankommt, und wir für uns selbst nichts haben!« Und da erwiderte die Mutter: »Keinen andern Rat weiß ich, als dass du sie in den Wald führst je eher je lieber, gibst jedem noch ein Stücklein Brot, machst ihnen ein Feuer an, befiehlst sie dem lieben Gott, und gehst hinweg.«

»O lieber Gott! wie soll ich das vollbringen an meinen eigenen Kindern, Frau?« fragte der Holzbauer bekümmert. »Nun wohl, so lass es bleiben!« fuhr die Frau böse heraus: »so kannst du eine Totenlade für uns alle viere zimmern, und die Kinder Hungers sterben sehen!«

Die zwei Kinder, welche der Hunger in ihrem Moosbettchen noch wach erhielt, hörten mit an, was die Mutter und der Vater miteinander sprachen, und das Schwesterlein begann zu weinen, Hänsel aber tröstete es und sprach: »Weine nicht, Gretel, ich helfe uns schon«; wartete, bis die Alten schliefen, wischte aus der Hütte, suchte im Mondschein weiße Steinchen, verbarg sie wohl, und schlich wieder herein, worauf er und das Schwesterlein bald entschlummerten.

Am Morgen geschah nun, was die Eltern vorher besprochen. Die Mutter reichte jedem Kind ein Stück Brot und sagte: »Das ist für heute alles; haltet's zu Rate ...« Gretel trug das Brot; Hänsel trug heimlich seine Steinchen, der Vater hatte seine Holzaxt im Arm, die Mutter schloss das Haus zu und folgte mit einem Wasserkruge nach. Hänsel machte sich hinter die Mutter, so dass er der letzte war auf dem Wege, guckte oft zurück nach dem Häuschen, und wie er es nicht sah, ließ er gleich ein weißes Steinchen fallen und nach ein paar Schritten wieder eins, und so immer fort.

Nun waren alle mitten in dem tiefen Walde, und da machte der Vater ein Feuer an, wozu die Kinder des Reisigs viel herbeitrugen und die Mutter sagte zu den Kindern: »Ihr seid wohl müde, jetzt legt euch an das Feuer und schlaft, indes wir Holz fällen, nachher kommen wir wieder, und holen euch ab.«

Die Kinder schlummerten ein wenig und als sie erwachten, stand die Sonne hoch im Mittag, das Feuer war abgebrannt, und da Hänsel und Gretel Hunger hatten, verzehrten sie ihr Stücklein Brot. Wer nicht kam, das waren die Eltern. Und nachher sind die Kinder wieder eingeschlafen, bis es dunkel wurde, da waren sie noch immer allein, und Gretel fing an zu weinen und sich zu fürchten. Hänsel tröstete sie aber und sagte: »Fürchte dich nicht, Schwester, der liebe Gott ist ja bei uns, und bald geht der Mond auf, da gehen wir heim.«

Und wirklich ging bald darauf der Mond in voller Pracht auf und leuchtete den Kindern auf den Heimweg und beglänzte die silberweißen Kieselsteine. Hänsel fasste Gretel bei der Hand und so gingen die Kinder miteinander fort ohne Furcht und ohne Unfall, und wie der frühe Morgen graute, da sahen sie des Vaters Dach durch die Büsche schimmern, kamen an das Waldhäuslein und klopften an. Wie die Mutter die Tür öffnete, erschrak sie ordentlich, als sie die Kinder sah, wusste nicht, ob sie schelten oder sich freuen sollte, der Vater aber freute sich, und so wurden die beiden Kinder wieder mit Gottwillkommen in das Häuslein eingelassen.

Es währte aber gar nicht lang, so wurde die Sorge aufs Neue laut und jenes Gespräch und der Beschluss, die Kinder in den Wald zu führen und sie dort allein und in des Himmels Fürsorge zu lassen, wiederholten sich. Wieder hörten die Kinder das traurige Gespräch mit an, bekümmerten Herzens, und der kluge Hänsel machte sich vom Lager auf, wollte wieder blanke Steine suchen, aber da war die Türe des Waldhäusleins fest verschlossen, denn die Mutter hatte es gemerkt und darum die Türe zugemacht. Doch tröstete Hänsel abermals das weinende Schwesterlein und sagte: » Weine nicht, lieb Gretel, der liebe Gott weiß alle Wege, wird uns schon den rechten führen.«

Am andern Morgen in der Frühe mussten alle aufstehen, wieder in den Wald zu wandern, und da empfingen die Kinder wieder Brot, noch kleinere Stücklein wie zuvor, und der Weg ging noch tiefer in den Wald hinein; Hänslein aber zerbröckelte heimlich sein Brot in der Tasche, und streute, statt jener Steine, Krümlein auf den Weg, meinte, danach sich mit dem Schwesterchen wohl zurückzufinden. Und nun geschah alles, wie zuvor auch; ein großes Feuer wurde entzündet, und die Kinder mussten wieder schlafen, und wie sie aufwachten, waren sie allein, und die Eltern kamen nimmer wieder. Und der Mittag kam, und Gretel teilte ihr Stückchen Brot mit Hänsel, weil der seines verstreut in lauter Bröselein auf dem Weg, und dann schliefen sie wieder ein und erwachten abends verlassen und einsam. Gretel weinte, Hänsel aber war gottgetrost, meinte den Weg durch die Brotbröselein wohl zu finden, wartete, bis der Mond aufgegangen war, nahm dann die Gretel bei der Hand und sprach zu ihr: »Komm, Schwester, nun gehen wir heim.«

Aber wie Hänsel die Krümlein suchte, war ihrer keines mehr da, denn die Waldvögelein hatten alle, alle aufgepickt und sie sich wohl schmecken lassen. Und da wanderten die Kinder die ganze Nacht durch den Wald, kamen bald vom Wege ab, verirrten sich und waren sehr traurig. Endlich schliefen sie ein auf weichem Moos, und erwachten hungrig, wie der Morgen graute, denn sie hatten keinen Bissen Brot mehr, und mussten ihren Durst und Hunger nur mit den schönen Waldbeeren stillen, die da und dort standen. Und wie sie so im Walde herumirrten, ohne Weg und Steg zu finden, siehe, da kam ein schneeweißes Vöglein geflogen, das flog immer vor ihnen her, als wenn es den Kindern den Weg zeigen wollte, und sie gingen dem Vöglein fröhlich nach. Mit einem Male sahen sie ein kleines Häuschen, auf dessen Dach das Vöglein flog; es pickte darauf, und wie die Kinder ganz nahe daran waren, konnten sie sich nicht genug freuen und wundem, denn das Häuschen bestand aus Brot, davon waren die Wände, das Dach war mit Eierkuchen gedeckt, und die Fenster waren von durchsichtigen Kandiszuckertafeln. Das war den Kindern recht, sie aßen vom Häusleindach und von einer zerbrochenen Fensterscheibe. Da ließ sich plötzlich drinnen eine Stimme vernehmen, die rief:

»Knusper, knusper, kneischen!
Wer knuspert mir am Häuschen?«

Darauf antworteten die Kinder:

»Der Wind, der Wind,
Das himmlische Kind!«

und aßen weiter, denn sie waren sehr hungrig gewesen, und es schmeckte ihnen ganz vortrefflich.

Da ging die Tür des Häusleins auf, und trat ein steinaltes, krummgebücktes, triefäugiges Mütterlein heraus von nicht geringer Hässlichkeit, Gesicht und Stirne voll Runzeln und in mitten eine große, große Nase. Hatte auch grasgrüne Augen. Die Kinder erschraken nicht wenig, die Alte aber tat ganz freundlich und sagte: »Ei, traute Kindlein, kommt doch herein ins Häuschen, kommt doch herein! Da gibt's noch viel bessern Kuchen!«

Die Kinder folgten der Alten gerne, und drinnen trug die Alte auch auf, dass es eine Lust war. Da gab es Herz was magst du? Biskuit und Marzipan, Zucker und Milch, Äpfel und Nüsse, und köstlichen Kuchen. Und während die Kinder immerfort aßen und fröhlich waren, richtete die Alte zwei Bettchen zu von feinen Dunenkissen und lilienweißen Linnen, da hinein brachte sie die Kinder zur Ruhe, die meinten im Himmel zu sein, beteten einen frommen Abendsegen und entschliefen alsbald.

Es hatte aber mit der Alten ein gar schlimmes Bewenden. Sie war eine böse und garstige Hexe, welche die Kinder fraß, die sie durch ihr Brot- und Kuchenhäuslein anlockte, nachdem sie sie erst recht fett gefüttert.

Dies hatte sie auch mit Hänsel und Gretel im Sinne. In aller Frühe stand die Alte schon vor dem Bette der noch süß schlafenden Kinder, freute sich über ihren Fang, riss Hänsel aus dem Bette, und trug ihn nach dem eng vergitterten Gänsestall, verstopfte ihm auch, damit er nicht schreie, den Mund. Dann weckte sie die arme Gretel mit Heftigkeit und schrie sie mit rauer Stimme an: »Steh auf, faule Dirne! Dein Bruder steckt im Stall, wir müssen ihm ein gutes Essen kochen, auf dass er fett wird, und für mich einen guten Braten gibt!«

Da erschrak die Gretel zum Tode, weinte und schrie, half aber nichts, sie musste gehorchen und aufstehn, Essen kochen helfen, und durfte es selbst nach dem Stalle tragen, und mit ihrem eingesperrten Bruder weinen. Sie selbst ward von der Hexe gar gering gehalten. Das dauerte so eine Zeit, während welcher die Alte öfters nach dem Stalle schlich und Hänsel befahl, einen Finger durch das Gitter zu stecken, damit sie fühle, ob er fett werde. Hänsel aber steckte immer ein dürres Knöchelchen heraus, und sie verwunderte sich, dass der Junge trotz dem guten Essen so mager blieb. Endlich war sie das müde und sprach zur Gretel: »Kurz und gut, heute wird er gebraten«, und machte ein mächtiges Feuer in den Backofen, der neben dem Häuschen stand, da schob sie hernach Brot hinein, damit sie frisch gebackenes zum Braten habe. Das Gretel wusste seines Herzens keinen Rat, und endlich hieß ihm die alte Hexe sich auf die Schiebeschaufel zu setzen und in den Backofen zu lugen, die Alte wollte sie nur ein bissel in den Ofen schieben, damit die Gretel sehe, ob das Brot braun sei, eigentlich aber wollte sie das arme Mägdlein gleich zuerst darin braten.

Da kam aber das schneeweiße Vögelein geflogen und sang: »Hüt dich, hüt dich, sieh dich für!« Und da gingen der Gretel die Augen auf, dass sie der Alten böse List durchschaute und sagte: »Zeiget mir's zuvor, wie ich's machen muss, dann will ich's tun.« Gleich setzte sich die Alte auf das Ofenbrett, und die Gretel schob am Stiel, und schob sie so weit in den Backofen, als der Stiel lang war, und dann klapp, schlug sie das eiserne Türlein vor dem Ofen zu, schob den Riegel vor, und da der Ofen noch erstaunlich heiß war, musste die alte Hexe drinnen brickeln und braten und elendiglich umkommen zum Lohn ihrer Übeltaten. Gretel aber lief zum Hänsel, ließ den aus dem Gänsestall, und der kam heraus und fiel vor Freude dem treuen Schwesterchen um den Hals, küssten sich und weinten vor Freude und dankten Gott.

Und da war das weiße Vöglein wieder da, und auch viele, viele andre Waldvöglein, die flogen auf das Kuchendach des Häusleins, darauf war ein Nest, und daraus nahm jedes Vöglein ein buntes Steinchen oder eine Perle, und trugen sie hin zu den Kindern, und Gretel hielt sein Schürzchen auf, dass es alle die vielen Steinchen fasse. Das schneeweiße Vöglein sang:

»Perlen und Edelstein,
Für die Brotbröselein.«

Da merkten die Kinder, dass die Vöglein dankbar dafür waren, dass Hänsel Brotkrumen auf den Weg gestreut hatte, und nun flog das weiße Vöglein wieder vor ihnen her, dass es ihnen den Weg aus dem Walde zeige. Bald kamen sie an ein mächtiges Wasser, da standen sie ratlos, und konnten nicht weiter und nicht darüber. Plötzlich aber kam ein großer schöner Schwan geschwommen, dem riefen die Kinder zu: »O schöner Schwan, sei unser Kahn!« Und der Schwan neigte seinen Kopf und ruderte zum Ufer und trug die Kinder, eines nach dem andern, hinüber ans andre Ufer. Das weiße Vöglein aber war schon hinüber geflattert, und flog immer vor den Kindern her, bis sie endlich aus dem Walde kamen, wieder an der Eltern kleines Haus.

Der alte Holzhauer und seine Frau saßen traurig und still in dem engen Stüblein und hatten großen Kummer um die Kinder, bereuten auch viele tausendmal, dass sie dieselben fortgelassen, und seufzten: »Ach, wenn doch der Hänsel und die Gretel nur noch ein aller einziges Mal wieder kämen, ach, da wollten wir sie nimmermehr wieder allein im Walde lassen« – da ging gerade die Türe auf, ohne dass erst angeklopft worden wäre, und Hänsel und Gretel traten leibhaftig herein! Das war eine Freude! Und als nun vollends erst die kostbaren Perlen und Edelsteine zum Vorschein kamen, welche die Kinder mitbrachten, da war Freude in allen Ecken und alle Not und Sorge hatte fortan ein Ende.

Das graue Männchen

Es war einmal ein kleines herziges Mädchen, das hatte eine böse, böse Stiefmutter und musste alle Tage ins Holz, um dürre Zweige zu suchen, und brachte es einmal ein kleines Bündel heim, so bekam es viele Schläge und wenig Brot.

Einmal hatte es ein Stück mitbekommen, das war nach einem blanken Taler zugeschnitten, und war gerade ebenso groß und dick, und das Kind dachte bei sich: »Sollst erst suchen und sammeln und das Essen aufsparen bis auf den Heimweg«; und es suchte und sammelte, und der kalte Wind wehte ihm durch die dünnen und zerrissenen Kleider. Als es da nun stand und in die Händchen blies und sie rieb und bitterlich dabei weinte, denn es war Wintertag, kam ein graues Männchen daher und sagte: »Ich bin hungerig; gib mir ein bisschen Brot!« Das graue Männchen aber sah so kläglich aus, dass das Mädchen sich nicht lange besann und ihm sein Stück Brot gab, welches so groß und so dick war wie ein Taler; und das Männchen bedankte sich nicht und verschwand. Weil aber dem Mädchen die dünnen Finger so steif waren, konnte es nur wenig dürre Zweiglein brechen, und abgefallene fand es gar nicht mehr, da es heftig schneite, und der Schnee alles bedeckte; so bekam es denn des Abends Schläge und musste hungerig in das leere Bett.

Am folgenden Tage gab ihm die Stiefmutter ein Stück Brot, das war nach einem blanken Gulden zugeschnitten und war gerade ebenso groß und dick, und das Kind dachte: »Sollst erst Zweige brechen und alsdann essen«; und es brach, so viel es nur vermochte. Es schaffte jedoch nicht viel, denn die Händchen waren ihm von der Kälte gelähmt; und auf der Erde fand es gar nichts, denn der Schnee lag hoch und war oben hart gefroren. Als es da nun stand und bitterlich weinte, kam wieder das graue Männchen daher und sagte: »Ich bin hungrig; gib mir ein bisschen Brot!« Es sah aber wieder so kläglich aus, dass ihm das Mädchen ohne Zaudern sein Stück Brot gab, welches so groß und so dick war wie ein Gulden; und das Männchen bedankte sich nicht und verschwand. Diesmal brachte das Kind nur ganz wenig Reiser heim, erhielt eine fürchterliche Strafe und musste hungerig ins leere Bett.

Den dritten Tag bekam es ein Stück Brot, das war nach einem blanken Groschen zugeschnitten und war gerade ebenso groß und dick; es war aber grimmig kalt, der Schnee knirschte unter den Füßen, und die Wölfe heulten vor Frost und vor Hunger; und das Mädchen dachte: »Sollst erst Zweige brechen und alsdann essen.« Es konnte indes nicht ein einzig Zweiglein brechen, so matt war es und so starr vor Kälte; und als es da nun stand und bitterlich weinte, kam wieder das graue Männchen und sagte: »Ich bin hungrig; gib mir ein bisschen Brot.« Und das Mädchen gab ihm sein Stück, welches so groß und so dick war wie ein Groschen. Da bedankte sich das graue Männchen, holte aus dem Busch einen warmen Mantel und hing ihn dem Mädchen um, brachte ihm in einer goldenen Schale eine warme Suppe und gab ihm einen goldenen Löffel in die Hand. Und das Mädchen weinte und aß sich satt. Hierauf sprach das graue Männchen: »Weil du so gut gewesen bist, will ich dir jemanden schicken, über den du dich freuen sollst;« und es verschwand. Das Mädchen aber ging nach Hause; und die Stiefmutter nahm den Mantel und die goldenen Sachen und gab sie ihrer rechten Tochter, und als sich da alles in schlechte Dinge verwandelte, erhielt die Stieftochter noch schlimmere Strafe und musste ins leere Bett; und sie betete zum lieben Gott und schlief ein.

Sie hatte aber kaum die Augen zugetan, so sprang eine weiße Katze in die Kammer und aufs Bett; und als das Mädchen erwachte und sich erschrak, sprach die Katze: »Fürchte dich nicht; ich tue dir nichts.« Und weil sie so warm war, nahm das Mädchen sie in den Arm und freute sich; denn seit dem Tode der Mutter hatte es immer allein schlafen müssen, und da war es im Winter immer so kalt im leeren Bett gewesen. Und das Mädchen streichelte die weiße Katze, und jedes Mal leuchtete sie hell auf, und jedes Mal sprang ein blankes Goldstück auf das zerrissene Brautkleid der seligen Mutter, mit dem es zugedeckt war. So ging es eine volle Stunde, da sprach die Katze: »Ich muss nun fort; sammle das Gold und verwahre es.« Damit verschwand sie.

Am andern Morgen sammelte das Mädchen alle Goldstücke und verwahrte sie; und als es ins Holz kam, um Zweige zu holen, lag ein gutes Bündlein da, und daneben stand eine goldene Schale voll warmer Suppe, und in der Schale befand sich ein goldener Löffel. Es aß sich satt, nahm Holz und Gerät mit, und als sich in den Händen der Stiefschwester das Gold wieder in schlechte Sachen verwandelte, bekam es wieder Strafe und wurde ins leere Bett geworfen.

In der zweiten und in der dritten Nacht war es wieder so wie in der ersten und am zweiten Tage wie am ersten; als aber die weiße Katze in der dritten Nacht fortwollte, sprach sie: »Morgen früh sammle alle Goldstücke, sag keinem etwas davon und geh heimlich weg; so wird alles gut.« Das Mädchen sammelte am andern Morgen die Goldstücke und wollte fort; da indes dachte es: »Musst doch von Mutter und Schwester Abschied nehmen!« Als diese aber das viele Gold sahen, nahmen sie es für sich, und plötzlich waren es lauter schlechte Sachen; da stieß die Stiefmutter das arme

Mädchen aus dem Hause, trat es mit Füßen und jagte es hinaus in den Schnee und in den Sturm.

Jammernd irrte es draußen umher und ging in den Wald und ging immer weiter und stieg zuletzt auf einen Berg, der im Walde lag. Hier schlief es ein. Und als es erwachte, konnte es nicht aufstehen, denn es befand sich auf dem Berge, in welchem die Zwerge wohnten. Und es schlief wieder ein. Da war es ihm, als ob ein schöner Knabe käme und trüge es auf seinen feinen weißen Händchen den Berg hinab.

Als es die Augen auftat, da schien es ihm wie ein Traum gewesen zu sein und noch zu sein; es irrte sich aber: ein schöner Zwerg hatte es wirklich in den Berg geholt. Da war es nun in einem großen goldenen Saale, hatte viele kleine Kinder um sich, und auf einem goldenen Throne saß das graue Männchen und war freundlich gegen alle. Und als sie gegessen und getrunken hatten, gingen sie auf eine große Wiese und spielten und tanzten; das graue Männchen jedoch sah nicht zu: das ging aus dem Berge in die Welt, um andere gute Kinder aufzusuchen, die viel Leiden hatten, und sie in das goldene Schloss zu holen oder ihnen sonst behilflich zu sein.

Der glückliche Prinz

Hoch über der Stadt stand auf einer mächtigen Säule die Statue des Glücklichen Prinzen. Sie war über und über mit dünnen Goldblättchen bedeckt, statt der Augen hatte sie zwei glänzende Saphire, und ein großer roter Rubin leuchtete auf seiner Schwertscheide.

Alles bestaunte und bewunderte ihn sehr. »Er ist so schön wie ein Wetterhahn«, bemerkte einer der Stadträte, der darauf aus war, für einen in Kunstdingen geschmackvollen Mann zu gelten; »bloß nicht ganz so nützlich«, fügte er hinzu, da er fürchtete, man könnte ihn sonst für unpraktisch halten, was er durchaus nicht war. »Warum bist du nicht wie der Glückliche Prinz?« fragte eine empfindsame Mutter ihren kleinen Jungen, der weinend nach dem Mond verlangte. »Dem Glücklichen Prinzen fällt es nie ein, um etwas zu weinen.«

»Ich bin froh, dass es wenigstens einen gibt, der in dieser Welt ganz glücklich ist«, sagte leise ein Enttäuschter mit einem Blick auf das wundervolle Standbild.

»Er sieht genau aus wie ein Engel«, sagten die Waisenkinder, als sie in ihren purpurroten Mänteln und sauberen Vorstecklätzchen aus der Kathedrale kamen.

»Wie könnt ihr das wissen?« fragte der Mathematiklehrer, »ihr habt doch nie einen gesehen.«

»O doch, im Traum«, antworteten die Kinder; und der Mathematiklehrer runzelte die Stirn und machte ein sehr strenges Gesicht, denn er billigte Kinderträume nicht.

Da flog eines Nachts ein kleiner Schwälberich über die Stadt. Seine Freunde waren schon vor sechs Wochen nach Ägypten gezogen, aber er war zurückgeblieben, weil er sich in eine ganz wunderschöne Schilfrispe verliebt hatte. Ganz zeitig im Frühling hatte der Schwälberich die Rispe zum erstenmal gesehen, als er gerade hinter einer großen gelben Motte her über den Fluss flog, und war von der Schlankheit der Rispe so entzückt gewesen, dass er haltgemacht hatte, um mit ihr zu plaudern. »Soll ich dich lieben?« fragte der Schwälberich, der es liebte, immer gleich gerade auf sein Ziel loszugehen. Und die Schilfrispe verneigte sich tief vor ihm. So flog er immer und immer um die Schlanke herum, rührte leicht das Wasser mit seinen Flügeln und machte kleine silberne Wellen darauf. Das war die Art, wie er warb, und es dauerte den ganzen Sommer hindurch. »Das ist ein lächerliches Attachement«, zwitscherten die andern Schwalben, »die Schilfrispe hat gar kein Vermögen und viel zuviel Verwandte«, und in der Tat war der Fluss ganz voll von Schilf. Als dann der Herbst kam, flogen sie alle davon.

Als sie fort waren, fühlte sich der Schwälberich einsam und fing an, seiner romantischen Liebe überdrüssig zu werden. »Sie kann sich gar nicht unterhalten«, sagte er, »und ich fürchte, sie ist eine Kokette, denn sie flirtet immer mit dem Wind.« Wirklich machte die Schilfrispe, sooft der Wind blies, die graziösesten Verbeugungen.

»Ich gebe gern zu, dass sie sehr häuslich ist«, fuhr er fort, »aber ich liebe das Reisen, und deshalb soll meine Frau es auch lieben.« »Willst du mit mir fort?« fragte der Vogel endlich die Rispe; die aber schüttelte den Kopf – sie hing so sehr an der Heimat. »Du hast mit mir gespielt«, rief da der Schwälberich, »ich mache mich auf nach den Pyramiden. Leb wohl!« Und flog davon. Den ganzen Tag über flog er und erreichte gegen Abend die Stadt. »Wo soll ich absteigen?« sagte er, »hoffentlich hat die Stadt Vorbereitungen getroffen.«

Da sah er das Standbild auf der hohen Säule. »Hier will ich absteigen«, rief er, »es hat eine hübsche Lage und viel frische Luft.« Und damit ließ er sich gerade zwischen den Füßen des Glücklichen Prinzen nieder.

»Ich habe ein goldenes Schlafzimmer«, sagte er wohlgefällig zu sich selber, während er herumschaute und sich anschickte, schlafen zu gehen; aber gerade, als er seinen Kopf unter seinen Flügel stecken wollte, fiel ein großer Regentropfen auf ihn nieder. »Wie sonderbar!« rief er, »am Himmel ist nicht das kleinste Wölkchen, die Sterne sind hell und leuchten, und doch regnet es. Das Klima im nördlichen Europa ist schon wirklich abscheulich. Die Schilfrispe liebte ja den Regen sehr, aber das war bloß ihr Egoismus.«

Da fiel ein zweiter Tropfen.

»Was für einen Zweck hat dann eigentlich eine Statue, wenn sie nicht den Regen abhalten kann?« sagte der Vogel: »ich muss mich lieber nach einem guten Schornstein umsehen«, und er wollte schon fortfliegen.

Doch bevor er noch seine Flügel ausgebreitet hatte, fiel ein dritter Tropfen; er schaute in die Höhe und sah – ja, was sah er? Die Augen des Glücklichen Prinzen waren voll Tränen, und Tränen liefen ihm über die goldenen Wangen. Sein Gesicht war so wunderschön im Mondlicht, dass den Schwälberich das Mitleid fasste.

»Wer bist du?« sagte er.

»Ich bin der Glückliche Prinz.«

»Weshalb weinst du denn?« fragte der Vogel. »Du hast mich ganz nass gemacht.«

»Als ich noch am Leben war und ein Menschenherz hatte«, antwortete das Standbild, »da wusste ich nicht, was Tränen sind, denn ich lebte in dem Palast Ohnsorge, in den die Sorge keinen Zutritt hat. Tagsüber spielte ich mit meinen Gefährten im Garten, und des Abends führte ich den Tanz in der großen Halle. Rund um den Garten lief eine sehr hohe Mauer, aber nie dachte ich daran zu fragen, was wohl dahinter läge, so schön war alles um mich her. Meine Höflinge nannten mich den Glücklichen Prinzen, und glücklich war ich in der Tat, wenn Vergnügen Glück bedeutet. So lebte ich und so starb ich. Und nun, da ich tot bin, haben sie mich hier hinauf gestellt, so hoch, dass ich alle Hässlichkeit und alles Elend meiner Stadt sehen kann, und wenn auch mein Herz von Blei ist, kann ich nicht anders als weinen.« »Wie, es ist nicht von echtem Gold?« sprach der Vogel zu sich. Denn er war zu höflich, als dass er eine so persönliche Bemerkung laut gemacht hätte.

»Weit fern von hier«, fuhr die Statue mit einer leisen, melodischen Stimme fort, »weit fern von hier in einer kleinen schmalen Gasse steht ein armseliges Haus. Eins der Fenster ist offen, und so sehe ich eine Frau am Tische sitzen. Ihr Gesicht ist mager und verhärmt, und sie hat raue, rote Hände, nadelzerstochen, denn sie ist eine Näherin. Sie stickt Passionsblumen in ein Seidenkleid, das die schönste von den Ehrendamen der Königin am nächsten Hofball tragen soll. In einem Winkel des Zimmers liegt ihr kleiner Junge krank im Bett. Er fiebert und verlangt nach Pomeranzen. Die Mutter kann ihm nichts mehr geben als Wasser aus dem Fluss, und daher weint er. Vogel, Vogel, kleiner Vogel, willst du ihr nicht den Rubin aus meiner Schwertscheide hinbringen? Meine Füße sind an dem Sockel befestigt, und ich kann mich nicht bewegen.«

»Man erwartet mich in Ägypten«, sagte der Schwälberich. »Meine Freunde fliegen den Nil auf und nieder und unterhalten sich mit den großen Lotosblüten. Bald werden sie sich im Grab des großen Königs schlafen legen. Er ist in gelbes Linnen gehüllt und mit Spezereien balsamiert. Um seinen Hals liegt eine Kette aus blassgrünem Nephrit, und seine Hände sind wie vertrocknete Blätter.«

» Vogel, Vogel, kleiner Vogel«, sagte der Prinz, »willst du nicht diese eine Nacht bei mir bleiben und mein Bote sein? Der Knabe ist so durstig und die Mutter so traurig.«

»Ich glaube, ich mache mir nichts aus Knaben«, antwortete der Schwälberich. »Als ich letzten Sommer am Fluss wohnte, da waren so rohe Buben, des Müllers Söhne, die immer Steine nach mir warfen. Getroffen haben sie mich natürlich nie, denn wir Schwalben fliegen dafür viel zu gut, und ich stamme zudem aus einer Familie, die wegen ihrer Behändigkeit berühmt ist; aber es war doch immerhin ein Zeichen von Respektlosigkeit.« Aber der Glückliche Prinz blickte so traurig, dass es den kleinen Schwälberich bekümmerte. »Es ist sehr kalt hier«, sagte er, »aber ich will trotzdem diese eine Nacht bei dir bleiben und dein Bote sein.« »Ich danke dir, kleiner Vogel«, sagte der Prinz.

So pickte der Schwälberich aus des Prinzen Schwert den großen Rubin und flog mit ihm weg über die Dächer der Stadt und trug ihn im Schnabel.

Er flog an dem Turm des Domes vorbei, auf dem die weißen Marmorengel stehen. Er flog über den Palast hin und hörte die Musik von Tanzweisen. Ein schönes Mädchen trat mit seinem Geliebten auf den Balkon hinaus. »Wie wundervoll die Sterne sind«, sagte er zu ihr, »und wie wunderbar die Macht der Liebe!« »Hoffentlich wird mein Kleid zum Staatsball fertig«, antwortete sie, »ich lasse mir Passionsblumen darauf sticken; aber die Schneiderinnen sind so faul.«

Er flog über den Fluss und sah die Laternen an den Schiffsmasten. Er flog über das Ghetto und sah die alten Juden miteinander handeln und auf kupfernen Wagen das Geld wiegen. Endlich erreichte er das armselige Haus und schaute hinein. Der Knabe warf sich fiebernd hin und her, und die Mutter war vor Müdigkeit eingeschlafen. Hinein ins Zimmer hüpfte der Schwälberich und legte den Rubin auf den Tisch gerade neben den Fingerhut der Frau. Dann kreiste er leise um das Bett und fächelte des Jungen Stirn mit den Flügeln. »Wie kühl mir ist«, sagte der Knabe, »ich glaube, es wird mir besser«, und er sank in einen köstlichen Schlaf. Darauf flog der Schwälberich zurück zu dem Glücklichen Prinzen und erzählte ihm, was er getan hatte. »Merkwürdig«, sagte er, »mir ist mit einem Mal ganz warm geworden, obgleich es so kalt ist.«

»Das kommt von deiner guten Tat«, sagte der Prinz. Und der kleine Vogel begann darüber nachzudenken und schlief ein. Denken machte ihn immer schläfrig.

Als der Tag anbrach, flog der Vogel hinab zum Fluss und nahm ein Bad. »Was für ein bemerkenswertes Phänomen«, sagte der Professor der Ornithologie, während er über die Brücke ging, »eine Schwalbe im Winter!« Und er schrieb darüber einen langen Brief an die Lokalzeitung. Alles sprach von diesem Aufsatz, der so wortreich war, dass niemand ihn verstehen konnte. »Heute Nacht mach ich mich auf nach Ägypten«, sagte der Schwälberich und war hochvergnügt bei dem Gedanken. Er besuchte alle Denkmäler und öffentlichen Bauwerke der Stadt und saß lange auf der Kirchturmspitze. Wo immer er hinkam, da piepten die Spatzen, und einer sagte zum anderen: »Was für ein vornehmer Fremder!« und dabei amüsierte sich der Schwälberich sehr.

Als der Mond aufging, flog er zurück zu dem Glücklichen Prinzen. »Hast du irgendwelche Aufträge für Ägypten?« rief er, »ich reise gerade dahin ab.«

»Vogel, Vogel, kleiner Vogel«, sagte der Prinz, »willst du nicht noch eine Nacht bei mir bleiben?«

»Ich werde in Ägypten erwartet«, antwortete der Schwälberich. »Morgen fliegen meine Gefährten zum zweiten Katarakt hinauf. Dort liegt das Nilpferd unter den Binsen, und auf einem großen granitenen Thron sitzt der Gott Memnon. Die ganze Nacht lang blickt er zu den Sternen, und wenn der Morgenstern aufglänzt, stößt er einen langen Freudenschrei aus, und dann ist er wieder still. Zu Mittag kommen die gelben Löwen ans Flussufer, um zu trinken. Sie haben Augen wie grüne Berylle, und ihr Gebrüll übertönt das Brüllen des Katarakts.«

»Vogel, Vogel, mein kleiner Vogel«, sagte der Prinz, »weit weg über der Stadt sehe ich einen jungen Mann in einer Dachstube. Er lehnt sich über einen mit Papieren bedeckten Tisch, und neben ihm steht in einem Wasserglase ein kleiner Strauß verwelkter Veilchen. Sein Haar ist braun und gelockt, seine Lippen sind rot wie eine Granatblüte, und er hat große und träumerische Augen. Er versucht, ein Schauspiel fertig zu schreiben, aber er kann nicht weiter vor Kälte. Es ist kein Feuer im Ofen, und der Hunger hat ihn ohnmächtig gemacht.«

»Ich will noch eine Nacht länger bei dir bleiben«, sagte der Schwälberich, der eigentlich ein gutes Herz hatte. »Soll ich ihm auch einen Rubin bringen?«

»Ach! Ich habe keinen Rubin mehr«, sagte der Prinz, »nur meine Augen sind mir noch geblieben. Sie sind aus seltenen Saphiren gemacht, die man vor tausend Jahren aus Indien gebracht hat. Picke eines heraus und bring es ihm. Er wird es an einen Juwelier verkaufen und sich dafür Essen und Feuerung verschaffen und sein Stück beenden.«

»Lieber Prinz«, sagte der Schwälberich, »das kann ich nicht tun«, und er begann zu weinen.

»Vogel, Vogel, kleiner Vogel«, sagte der Prinz, »tu, wie ich dich heiße.«

Also pickte der Schwälberich dem Prinzen das Auge aus und flog zur Dachkammer des Studenten. Es war nicht schwer hineinzukommen, denn es war ein Loch im Dach. Durch das schlüpfte der Vogel in die kleine Stube. Der Jüngling hielt den Kopf in die Hände vergraben, und so hörte er nicht das Flattern des Vogels, und als er aufschaute, da fand er den schönen Saphir, der auf den verblassten Veilchen lag.

»Man fängt an, mich zu würdigen«, rief er aus; »das kommt sicher von einem großen Bewunderer. Nun kann ich mein Stück fertig schreiben.« Und er sah ganz glücklich aus.

Am nächsten Tag flog der Schwälberich hinab zum Hafen. Er setzte sich auf den Mast des größten Schiffes und beobachtete die Matrosen, die an Tauen große Ballen aus dem Schiffsraum empor wanden. »Heb auf!« schrieen sie bei jedem Ruck am Tau. »Ich geh nach Ägypten!« rief der Vogel, aber niemand achtete auf ihn, und als der Mond aufging, flog er zu dem Glücklichen Prinzen. »Ich komme, dir Lebewohl zu sagen«, rief er.

»Vogel, Vogel, kleiner Vogel«, sagte der Prinz, »willst du nicht noch eine Nacht bei mir bleiben?«

»Es ist Winter«, sagte der Schwälberich, »und der kalte Schnee wird bald da sein. In Ägypten scheint die Sonne warm auf die grünen Palmen, und die Krokodile liegen im Schlamm und schauen faul vor sich hin. Meine Gefährten bauen ihr Nest im Tempel von Baalbek, und die weiß- und rotgefiederten Tauben schauen ihnen zu und girren. Lieber Prinz, ich muss dich verlassen, aber ich will dich nie vergessen, und im nächsten Frühling bringe ich dir zwei schöne Edelsteine wieder für die, die du weggegeben hast. Der Rubin soll röter sein als eine rote Rose und der Saphir so blau wie die große See.«

»Dort unten auf dem Platz«, sagte der Prinz, »da steht ein kleines Streichholzmädel, die hat ihre Hölzer in die Gosse fallen lassen, und sie sind alle verdorben. Ihr Vater wird sie schlagen, wenn sie ihm kein Geld heimbringt, und sie weint. Pick mir das andere Auge aus und gib es ihr, und ihr Vater wird sie nicht schlagen.« »Ich will noch eine Nacht bei dir bleiben«, sagte der Vogel, »aber ich kann dir dein Auge nicht auspicken. Du wärest dann ja ganz blind.«

»Vogel, Vogel, kleiner Vogel«, sagte der Prinz, »tu, wie ich dich heiße.«

Also pickte der Schwälberich dem Prinzen auch das andere Auge aus und flog damit weg. Er strich über den Kopf des Mädels hin und ließ den Edelstein in ihre Hand gleiten. »Was für eine hübsche Glasscherbe!« rief die Kleine und lief vergnügt nach Haus.

Darauf kam der Vogel zum Prinzen zurück. »Nun bist du blind«, sagte er, »so will ich immer bei dir bleiben.«

»Nein, kleiner Vogel«, sagte der arme Prinz, »du musst fort nach Ägypten.«

»Ich will immer bei dir sein«, sagte der Schwälberich und schlief zu Füßen des Prinzen ein.

Am nächsten Tage setzte er sich dem Prinzen auf die Schulter und erzählte ihm Geschichten von all dem, was er in fremden Ländern gesehen hatte. Er erzählte ihm von den roten Ibissen, die in langen Reihen an den Nilufern stehen und mit ihren Schnäbeln Goldfische fangen; von der Sphinx, die so alt ist wie die Welt und in der Wüste lebt und alles weiß; von den Kaufleuten, die langsam neben ihren Kamelen einhergehen und Rosenkränze aus Bernstein in den Händen tragen; vom König des Mondgebirges, der so schwarz ist wie Ebenholz und einen großen Kristall anbetet; von der großen grünen Schlange, die in einem Palmenbaum schläft und zwanzig Priester hat, die sie mit Honigkuchen füttern; und von den Pygmäen, die auf breiten, flachen Blättern über einen großen See segeln und mit den Schmetterlingen immer im Krieg liegen.

»Lieber kleiner Vogel«, sagte der Prinz, »du erzählst mir von wunderbaren Dingen, aber wunderbarer als alles ist das Leiden von Mann und Weib. Kein Mysterium ist größer als das Elend. Fliege über meine Stadt, kleiner Vogel, und dann erzähle mir, was du darin gesehen hast.«

Also flog der Schwälberich über die große Stadt und sah die Reichen froh und lustig in ihren schönen Häusern, während die Bettler an den Toren saßen. Er flog in dunkle Gassen hinab und sah die weißen Gesichter hungernder Kinder gleichgültig auf die schwarzen Straßen schauen. Unter einem Brückenbogen lagen zwei kleine Buben und hielten sich umschlungen, um sich aneinander zu wärmen.

»Wir haben solchen Hunger!« sagten sie. »Ihr dürft hier nicht liegen«, schrie sie der Wächter an, und so wanderten sie hinaus in den Regen.

Dann flog der Vogel zurück zum Prinzen und erzählte ihm, was er gesehen hatte.

»Ich bin ganz mit feinem Gold bedeckt«, sagte der Prinz, »du musst es abnehmen, Blatt für Blatt, und meinen Armen geben; die Lebenden glauben immer, dass Gold sie glücklich machen kann.«

Blatt um Blatt des feinen Goldes pickte ihm der Vogel ab, bis der Glückliche Prinz ganz grau und düster aussah. Blatt um Blatt des feinen Goldes brachte er zu den Armen, und die Gesichter der Kinder wurden rosiger, und sie lachten und spielten ihre Spiele in den Straßen. »Jetzt haben wir Brot!« riefen sie.

Da kam der Schnee, und nach dem Schnee kam der Frost. Die Straßen sahen aus, als wären sie aus Silber gemacht, so glänzend und glitzernd waren sie; lange Eiszapfen wie kristallne Dolche hingen von den Dachrinnen herunter; alles ging in dicken Pelzen aus, und die kleinen Jungen trugen dicke rote Mützen und liefen auf dem Eise.

Dem armen kleinen Schwälberich wurde kälter und kälter, aber er wollte den Prinzen nicht verlassen, denn er liebte ihn zu sehr. Er pickte Krumen auf vor des Bäckers Tür, wenn der Bäcker gerade nicht hinsah, und versuchte sich warm zu halten, indem er mit seinen Flügeln schlug. Aber schließlich wusste er doch, dass er sterben müsse. Er hatte gerade noch so viel Kraft, noch einmal dem Prinzen auf die Schulter zu fliegen. »Leb wohl, guter Prinz!« sagte er ganz leise, »darf ich deine Hand küssen?«

»Ich freue mich, dass du jetzt nach Ägypten gehst«, sagte der Prinz, »du bist schon zu lang hier geblieben, kleiner Schwälberich; aber du musst mich auf den Mund küssen, denn ich liebe dich.«

»Ich gehe nicht nach Ägypten«, sagte der Schwälberich. »Ich gehe in das Haus des Todes. Der Tod ist der Bruder des Schlafes, nicht wahr?«

Und er küsste den Glücklichen Prinzen auf den Mund und fiel tot nieder vor seine Füße.

Da tönte aus dem Innern des Standbildes ein eigentümliches Knacken, gleich als ob etwas zerbrochen wäre. Das bleierne Herz war mitten entzwei geborsten. Es war auch ein strenger, harter Frost.

Früh am Morgen des nächsten Tages ging der Bürgermeister mit den Stadträten über den Platz. Als sie an der Säule vorbeikamen, schaute er zu dem Standbild hinauf: »Herrgott! Wie schäbig der Glückliche Prinz aussieht!« sagte er.

»Wirklich schäbig!« sagten die Stadträte, die immer der Ansicht des Bürgermeisters waren, und dann schauten sie das Standbild an. »Der Rubin ist aus seinem Schwert gefallen, seine Augen sind fort, und vergoldet ist er auch nicht mehr«, sagte der Bürgermeister; »er sieht wahrhaftig nicht viel besser aus als ein Bettler.«

»Wenig besser als ein Bettler«, sagten die Räte.

»Und hier liegt wahrhaftig ein toter Vogel zu seinen Füßen!« sagte der Bürgermeister. »Wir müssen wirklich eine Bekanntmachung erlassen, dass es Vögeln nicht erlaubt ist, hier zu sterben.« Und der Stadtschreiber notierte diesen Vorschlag. So wurde das Standbild des Glücklichen Prinzen abgebrochen.

»Da es nicht mehr schön ist, hat es auch keinen nützlichen Zweck mehr«, sagte der Kunstprofessor der Universität.

Hierauf wurde die Statue in einem Brennofen geschmolzen, und der Bürgermeister berief eine Versammlung ein, die entscheiden sollte, was mit dem Metall zu geschehen habe. »Wir müssen natürlich ein anderes Denkmal haben«, sagte er, »und das muss ein Denkmal von mir sein.«

»Von mir«, sagte jeder der Stadträte, und sie zankten sich. Als ich das letzte Mal von ihnen hörte, zankten sie sich noch immer.

»Wie sonderbar!« sagte der Werkführer in der Schmelzhütte. »Dieses gebrochene Bleiherz will nicht schmelzen. Wir müssen es wegwerfen, wie es ist.« So warf man es auf einen Kehrichthaufen, auf dem auch die tote Schwalbe lag.

»Bring mir die beiden kostbarsten Dinge in der Stadt«, sagte Gott zu einem seiner Engel; und der Engel brachte ihm das bleierne Herz und den toten Vogel.

»Du hast recht gewählt«, sagte Gott, »denn in meinem Paradiesgarten wird dieser kleine Vogel für alle Zeiten singen, und in meiner goldenen Stadt wird der Glückliche Prinz mich lobpreisen.«

Der Hase und der Fuchs

Ein Hase und ein Fuchs reisten beide miteinander. Es war Winterszeit, grünte kein Kraut, und auf dem Felde kroch weder Maus noch Laus. »Das ist ein hungriges Wetter«, sprach der Fuchs zum Hasen, »mir schnurren alle Gedärme zusammen.« – »Ja wohl«, antwortete der Hase. »Es ist überall Dürrhof, und ich möchte meine eignen Löffel fressen, wenn ich damit ins Maul langen könnte.«

So hungrig trabten sie miteinander fort. Da sahen sie von weitem ein Bauernmädchen kommen, das trug einen Handkorb, und aus dem Korb kam dem Fuchs und dem Hasen ein angenehmer Geruch entgegen, der Geruch von frischen Semmeln. »Weißt du was!« sprach der Fuchs: »Lege dich hin der Länge lang, und stelle dich tot. Das Mädchen wird seinen Korb hinstellen, und dich aufheben wollen, um deinen armen Balg zu gewinnen, denn Hasenbälge geben Handschuhe; derweilen erwische ich den Semmelkorb, uns zum Troste.«

Der Hase tat nach des Fuchsen Rat, fiel hin und stellte sich tot, und der Fuchs duckte sich hinter eine Windwehe von Schnee. Das Mädchen kam, sah den frischen Hasen, der alle Viere von sich streckte, stellte richtig den Korb hin und bückte sich nach dem Hasen. Jetzt wischte der Fuchs hervor, erschnappte den Korb und strich damit querfeldein, gleich war der Hase lebendig und folgte eilend seinem Begleiter. Dieser aber stand gar nicht still und machte keine Miene, die Semmeln zu teilen, sondern ließ merken, dass er sie allein fressen wollte. Das vermerkte der Hase sehr übel. Als sie nun in die Nähe eines kleinen Weihers kamen, sprach der Hase zum Fuchs: »Wie wäre es, wenn wir uns eine Mahlzeit Fische verschafften? Wir haben dann Fische und Weißbrot, wie die großen Herren! Hänge deinen Schwanz ein wenig ins Wasser, so werden die Fische, die jetzt auch nicht viel zu beißen haben, sich daran hängen. Eile aber, ehe der Weiher zufriert.« Das leuchtete dem Fuchs ein, er ging hin an den Weiher, der eben zufrieren wollte, und hing seinen Schwanz hinein, und eine kleine Weile, so war der Schwanz des Fuchses fest angefroren. Da nahm der Hase den Semmelkorb, fraß die Semmeln vor des Fuchses Augen ganz gemächlich, eine nach der andern, und sagte zum Fuchs: »Warte nur, bis es auftaut, warte nur bis ins Frühjahr, warte nur bis es auftaut!« und lief davon, und der Fuchs bellte ihm nach, wie ein böser Hund an der Kette.

Die Sterntaler

Es war einmal ein kleines Mädchen, dem war Vater und Mutter gestorben, und es war so arm, dass es kein Kämmerchen mehr hatte, darin zu wohnen, und kein Bettchen mehr, darin zu schlafen, und endlich gar nichts mehr als die Kleider auf dem Leib und ein Stückchen Brot in der Hand, das ihm ein mitleidiges Herz geschenkt hatte. Es war aber gut und fromm. Und weil es so von aller Welt verlassen war, ging es, im Vertrauen auf den lieben Gott, hinaus ins Feld.

Da begegnete ihm ein armer Mann, der sprach: »Ach, gib mir etwas zu essen, ich bin so hungrig.« Es reichte ihm das ganze Stückchen Brot und sagte: »Gott segne dir's!« und ging weiter. Da kam ein Kind, das jammerte und sprach: »Es friert mich so an meinem Kopf, schenk mir etwas, womit ich ihn bedecken kann.« Da tat es seine Mütze ab und gab sie ihm. Und als es noch eine Weile gegangen war, kam wieder ein Kind und hatte kein Leibchen an und fror: da gab es ihm seins; und noch weiter, da bat eins um ein Röcklein, das gab es auch von sich hin. Endlich gelangte es in einen Wald, und es war schon dunkel geworden, da kam noch eins und bat um ein Hemdlein, und das fromme Mädchen dachte: Es ist dunkle Nacht, da sieht dich niemand, du kannst wohl dein Hemd weggeben, und zog das Hemd ab und gab es auch noch hin.

Und wie es so stand und gar nichts mehr hatte, fielen auf einmal die Sterne vom Himmel und waren lauter harte blanke Taler. Und obwohl es sein Hemdlein weggegeben, so hatte es ein neues an, und das war vom allerfeinsten Linnen. Da sammelte es sich die Taler hinein und war reich für sein Lebtag.

Frau Holle

Eine Witwe hatte zwei Töchter, davon war die eine schön und fleißig, die andere hässlich und faul. Sie hatte aber die hässliche und faule, weil sie ihre rechte Tochter war, viel lieber, und die andere musste alle Arbeit tun und der Aschenputtel im Hause sein. Das arme Mädchen musste sich täglich auf die große Straße bei einem Brunnen setzen, und musste so viel spinnen, dass ihm das Blut aus den Fingern sprang. Nun trug es sich zu, dass die Spule einmal ganz blutig war, da bückte es sich damit in den Brunnen und wollte sie abwaschen: sie sprang ihm aber aus der Hand und fiel hinab. Es weinte, lief zur Stiefmutter und erzählte ihr das Unglück. Sie schalt es aber so heftig und war so unbarmherzig, dass sie sprach: »Hast du die Spule hinunterfallen lassen, so hol sie auch wieder herauf.« Da ging das Mädchen zu dem Brunnen zurück und wusste nicht, was es anfangen sollte: und in seiner Herzensangst sprang es in den Brunnen hinein, um die Spule zu holen. Es verlor die Besinnung, und als es erwachte und wieder zu sich selber kam, war es auf einer schönen Wiese, wo die Sonne schien und viel tausend Blumen standen. Auf dieser Wiese ging es fort und kam zu einem Backofen, der war voller Brot; das Brot aber rief: »Ach, zieh mich raus, zieh mich raus, sonst verbrenn ich, ich bin schon längst ausgebacken.« Da trat es herzu, und holte mit dem Brotschieber alles nacheinander heraus. Danach ging es weiter und kam zu einem Baum, der hing voll Äpfel und rief ihm zu: »Ach schüttel mich, schüttel mich, wir Äpfel sind alle miteinander reif.« Da schüttelte es den Baum, dass die Äpfel fielen, als regneten sie, und schüttelte, bis keiner mehr oben war; und als es alle in einen Haufen zusammengelegt hatte, ging es wieder weiter. Endlich kam es zu einem kleinen Haus, daraus guckte eine alte Frau, weil sie aber so große Zähne hatte, ward ihm angst, und es wollte fortlaufen. Die alte Frau aber rief ihm nach: »Was fürchtest du dich, liebes Kind? Bleib bei mir, wenn du alle Arbeit im Hause ordentlich tun willst, so soll dir's gut gehn. Du musst nur acht geben, dass du mein Bett gut machst und es fleißig aufschüttelst, dass die Federn fliegen, dann schneit es in der Welt; ich bin die Frau Holle.« Weil die Alte ihm so gut zusprach, so fasste sich das Mädchen ein Herz, willigte ein und begab sich in ihren Dienst. Es besorgte auch alles nach ihrer Zufriedenheit, und schüttelte ihr das Bett immer gewaltig auf: dass die Federn wie Schneeflocken umherflogen; dafür hatte es auch ein gut Leben bei ihr, kein böses Wort, und alle Tage Gesottenes und Gebratenes. Nun war es eine Zeitlang bei der Frau Holle, da ward es traurig und wusste anfangs selbst nicht, was ihm fehlte. Endlich merkte es, dass es Heimweh war; ob es ihm hier gleich viel tausendmal besser ging als zu Hause, so hatte es doch ein Verlangen dahin. Endlich sagte es zu ihr: »Ich habe den Jammer nach Haus gekriegt, und wenn es mir auch noch so gut hier unten geht, so kann ich doch nicht länger bleiben, ich muss wieder hinauf zu den Meinigen.« Die Frau Holle sagte: »Es gefällt mir, dass du wieder nach Hause verlangst, und weil du mir so treu gedient hast, so will ich dich selbst wieder hinaufbringen.« Sie nahm es darauf bei der Hand und führte es vor ein großes Tor. Das Tor ward aufgetan, und als das Mädchen gerade darunter stand, fiel ein gewaltiger Goldregen, und alles Gold blieb an ihm hängen, so dass es über und über davon bedeckt war. »Das sollst du haben, weil du so fleißig gewesen bist«, sprach die Frau Holle und gab ihm auch die Spule wieder, die ihm in den Brunnen gefallen war. Darauf ward das Tor verschlossen, und das Mädchen befand sich oben auf der Welt, nicht weit von seiner Mutter Haus und als es in den Hof kam, saß der Hahn auf dem Brunnen und rief:

»Kikeriki,
unsere goldene Jungfrau ist wieder hie.«

Da ging es hinein zu seiner Mutter, und weil es so mit Gold bedeckt ankam, ward es von ihr und der Schwester gut aufgenommen. Das Mädchen erzählte alles, was ihm begegnet war, und als die Mutter hörte, wie es zu dem großen Reichtum gekommen war, wollte sie der andern hässlichen und faulen Tochter gerne dasselbe Glück verschaffen. Sie musste sich an den Brunnen setzen und spinnen; und damit ihre Spule blutig ward, stach sie sich in die Finger und stieß sich die Hand in die Dornhecke. Dann warf sie die Spule in den Brunnen und sprang selber hinein. Sie kam, wie die andere, auf die schöne Wiese und ging auf demselben Pfade weiter. Als sie zu dem Backofen gelangte, schrie das Brot wieder: »Ach zieh mich raus, zieh mich raus, sonst verbrenn ich, ich bin schon längst ausgebacken.« Die Faule aber antwortete: »Da hätt ich Lust, mich schmutzig zu machen«, und ging fort. Bald kam sie zu dem Apfelbaum, der rief: »Ach schüttel mich, schüttel mich, wir Äpfel sind alle miteinander reif.« Sie antwortete aber: »Du kommst mir recht, es könnte mir einer auf den Kopf fallen«, und ging damit weiter. Als sie vor der Frau Holle Haus kam, fürchtete sie sich nicht, weil sie von ihren großen Zähnen schon gehört hatte, und verdingte sich gleich zu ihr. Am ersten Tag tat sie sich Gewalt an, war fleißig und folgte der Frau Holle, wenn sie ihr etwas sagte, denn sie dachte an das viele Gold, das sie ihr schenken würde; am zweiten Tag aber fing sie schon an zu faulenzen, am dritten noch mehr, da wollte sie morgens gar nicht aufstehen. Sie machte auch der Frau Holle das Bett nicht, wie sich's gebührte, und schüttelte es nicht, dass die Federn aufflogen. Das ward die Frau Holle bald müde und sagte ihr den Dienst auf. Die Faule war das wohl zufrieden und meinte, nun würde der Goldregen kommen; die Frau Holle führte sie auch zu dem Tor, als sie aber darunter stand, ward statt des Goldes ein großer Kessel voll Pech ausgeschüttet. »Das ist zur Belohnung deiner Dienste«, sagte die Frau Holle und schloss das Tor zu. Da kam die Faule heim, aber sie war ganz mit Pech bedeckt, und der Hahn auf dem Brunnen, als er sie sah, rief:

» Kikeriki,
unsere schmutzige Jungfrau ist wieder hie.«

Das Pech aber blieb fest an ihr hängen und wollte, solange sie lebte, nicht abgehen.

Der Schneemann

Es kracht und knackt in mir, so wunderbar kalt ist es!« sagte der Schneemann, »der Wind kann wirklich schneiden, so dass man davon lebendig wird! Und wie die Gafferin da gafft!« Es war die Sonne, die er meinte; sie war gerade im Begriff unterzugehen. »Sie wird mich nicht dazu bringen, dass ich blinzle, ich werde die Brocken schon noch festhalten.«

Es waren zwei große, dreieckige Ziegelsteinbrocken, die er als Augen hatte; der Mund war ein Stück von einer alten Harke, darum hatte er Zähne.

Er war unter Hurrarufen von den Jungen in die Welt gesetzt, vom Schellenklang und Peitschenknallen der Schlitten begrüßt worden.

Die Sonne ging unter, der Vollmond ging auf, rund und groß, hell und herrlich in der blauen Luft.

»Da hätten wir sie aus einer anderen Ecke wieder«, sagte der Schneemann. Er meinte, es wäre die Sonne, die wieder zum Vorschein käme. »Ich habe ihr das Gaffen abgewöhnt! Nun mag sie da hängen und leuchten, da kann ich mich selber sehen. Wüsste ich nur, wie man es anstellt, sich weiterzubewegen! Ich möchte mich so gern weiterbewegen! Wenn ich das könnte, würde ich jetzt aufs Eis hinunterlaufen und schliddern, wie ich es von den Jungen gesehen habe; aber ich weiß nicht, wie man läuft.«

»Weg! weg!« kläffte der alte Kettenhund; er war ein bisschen heiser, das war er schon, als er noch Stubenhund gewesen war und unterm Ofen lag. »Die Sonne wird dir das Laufen schon beibringen! Das hab ich bei deinem Vorgänger im vorigen Jahr gesehen und bei seinem Vorgänger: Weg! weg! und weg sind sie alle.«

»Ich verstehe dich nicht, Kamerad!« sagte der Schneemann; »die da oben soll mir das Laufen beibringen?« er meinte den Mond; »ja, sie ist allerdings vorhin weggelaufen, als ich sie starr anguckte, jetzt schleicht sie aus einer anderen Ecke wieder herbei.«

»Du hast keine Ahnung«, sagte der Kettenhund, »aber du bist ja auch eben erst zusammengebackt worden! Was du jetzt siehst, heißt Mond, die weggegangen ist, das war die Sonne, sie kommt morgen wieder, sie wird dich schon lehren, in den Wallgraben hinunterzulaufen. Wir kriegen bald anderes Wetter, ich kann es an meinem linken Hinterlauf merken, in dem zuckt es. Wir kriegen Witterungswechsel.«

»Ich verstehe ihn nicht«, sagte der Schneemann, »aber ich habe das Gefühl, als wäre es etwas Unangenehmes, was er sagt. Die da vorhin gaffte und unterging und die er die Sonne nennt, die ist auch nicht meine Freundin, das habe ich im Gefühl.«

»Weg! weg!« kläffte der Kettenhund, drehte sich dreimal um sich selber und legte sich dann in seine Hütte, um zu schlafen.

Es trat wirklich ein Witterungswechsel ein. Ein Nebel, ganz dick und klamm, legte sich am Morgen über die ganze Gegend; bei Morgengrauen kam ein Wind auf, der war so eisig, der Frost packte tüchtig zu, aber welch ein Anblick war es, als die Sonne aufging! Alle Bäume und Sträucher waren von Raureif überzogen; es sah wie ein ganzer Wald von weißen Korallen aus, es sah aus, als wären alle Äste mit strahlend weißen Blüten überschüttet. Die unendlich vielen und feinen Verästelungen, die man im Sommer der vielen Blätter wegen nicht sehen kann, kamen jetzt alle zum Vorschein; es war wie ein Spitzengewebe und so schimmernd weiß, als strömte ein weißer Glanz von jedem Zweig aus. Die Hängebirke bewegte sich im Wind, es war Leben in ihr wie in den Bäumen zur Sommerszeit; die Schönheit war unvergleichlich! Und als die Sonne dann schien, nein, wie das Ganze funkelte, als wäre es mit Diamantenstaub überpudert, und auf der Schneeschicht des Erdbodens glitzerten die großen Diamanten, oder man konnte auch glauben, dass unzählige winzig kleine Lichtchen brannten, noch weißer als der weiße Schnee.

»Es ist unbeschreiblich schön«, sagte ein junges Mädchen, das mit einem jungen Mann zusammen in den Garten hinaustrat und dicht vor dem Schneemann stehen blieb, wo sie die gleißenden Bäume betrachteten. »Einen schöneren Anblick hat man auch im Sommer nicht!« sagte sie, und ihre Augen strahlten.

»Und so einen Burschen wie den da hat man schon gar nicht«, sagte der junge Mann und zeigte auf den Schneemann. »Der ist großartig.«

Das junge Mädchen lachte, nickte dem Schneemann zu und tanzte alsdann mit ihrem Freund über den Schnee, der unter ihnen knirschte, als liefen sie auf Stärke.

»Wer waren die beiden?« fragte der Schneemann den Kettenhund, »du bist älter am Platz als ich, kennst du die?«

»Das tue ich!« sagte der Kettenhund. »Sie hat mich doch gestreichelt, und er hat mir einen Knochen geschenkt; die beiße ich nicht.«

»Aber was machen sie hier?« fragte der Schneemann.

»Verrrlobt sind sie!« sagte der Kettenhund. »Die wollen in die Hundehütte ziehen und zusammen Knochen knabbern. Weg! weg!«

»Haben die beiden ebensoviel zu bedeuten wie du und ich?« fragte der Schneemann.

»Die gehören ja zur Herrschaft«, sagte der Kettenhund; »es ist tatsächlich sehr wenig, was man so weiß, wenn man von gestern ist; das merke ich an dir! Ich habe Alter und Kenntnisse, ich kenne alle hier im Haus! Und ich habe eine Zeit gekannt, da lag ich nicht hier in der Kälte und an der Kette; weg! weg!«

»Die Kälte ist schön!« sagte der Schneemann. »Erzähle, erzähle! Aber du darfst nicht mit der Kette rasseln, dann knackt es nämlich in mir.«

»Weg! weg!« kläffte der Kettenhund. »Ein Welp bin ich gewesen; klein und niedlich, sagte man, da lag ich dort in dem Haus auf einem Plüschsessel, lag auf dem Schoß der höchsten Herrschaft, wurde auf die Schnauze geküsst, und meine Pfoten wurden mit einem gestickten Taschentuch abgewischt; ich hieß ›der Süßeste‹, ›Wackelbeinchen‹, aber dann wurde ich ihnen zu groß; da verschenkten sie mich an die Haushälterin; ich kam in den Keller hinunter! Du kannst von dem Platz, wo du stehst, da reingucken, du kannst in die Kammer gucken, wo ich Herrschaft gewesen bin; das war ich nämlich bei der Haushälterin. Es war allerdings ein schlechterer Ort als oben, aber hier war es angenehmer; ich wurde nicht von Kindern gedrückt und herumgeschleppt wie oben. Ich hatte ebenso gutes Futter wie früher und viel mehr! Ich hatte mein eigenes Kissen, und dann war da ein Ofen, der ist um diese Zeit das Schönste auf der Welt! Ich kroch darunter, so dass ich ganz weg war. Oh, von diesem Ofen träume ich noch heute; weg! weg!«

»Sieht ein Ofen so schön aus?« fragte der Schneemann. »Sieht er mir ähnlich?«

»Der ist genau das Gegenteil von dir! Kohlschwarz ist er! Hat einen langen Hals mit Messingtrommel. Der frisst Holz, so dass ihm das Feuer aus dem Maul sprüht. Man muss dicht bei ihm bleiben, ganz dicht bei ihm und unter ihm, das ist eine große Annehmlichkeit! Du musst ihn durchs Fenster sehen können, von dem Platz, wo du stehst!«

Und der Schneemann guckte, und tatsächlich sah er einen schwarz polierten Gegenstand mit Messingtrommel; das Feuer glänzte unten heraus. Dem Schneemann ward es ganz sonderbar zumute; er hatte eine Empfindung, über die er sich selber keine Rechenschaft ablegen konnte; es kam etwas über ihn, was er nicht kannte, was aber alle Menschen kennen, sofern sie nicht Schneemänner sind.

»Und weshalb hast du sie verlassen?« sagte der Schneemann. Er fühlte, es musste ein weibliches Wesen sein. »Wie konntest du einen solchen Ort verlassen?«

»Dazu war ich wohl gezwungen«, sagte der Kettenhund, »sie haben mich rausgeschmissen und legten mich hier an die Kette. Ich hatte den jüngsten jungen Herrn ins Bein gebissen, er stieß nämlich den Knochen weg, an dem ich nagte; und Bein um Bein, denke ich! Das haben sie aber übelgenommen, und seit der Zeit liege ich an der Kette und habe meine klare Stimme eingebüßt, hör doch, wie heiser ich hin: weg! weg! da war's dann aus.«

Der Schneemann hörte nicht mehr zu, er schaute noch immer in das Kellergeschoss zu der Haushälterin hinein, bis in die Stube, wo der Ofen auf seinen vier eisernen Beinen stand und so groß wirkte wie der Schneemann selber.

»Es knarrt so sonderbar in mir«, sagte er. »Ob ich denn nie da hineinkommen kann? Es ist ein harmloser Wunsch, und unsere harmlosen Wünsche müssten doch eigentlich erfüllt werden. Es ist mein höchster Wunsch, mein einziger Wunsch, und es wäre fast ungerecht, wenn er nicht befriedigt werden würde. Ich muss hinein, ich muss mich an ihn anlehnen, und wenn ich auch das Fenster einschlagen sollte.«

»Da kommst du nie hinein«, sagte der Kettenhund, »und kommst du an den Ofen, dann bist du weg! weg!«

»Ich bin so gut wie weg«, sagte der Schneemann, »ich glaube, ich breche entzwei!«

Den ganzen Tag über stand der Schneemann da und schaute durchs Fenster; in der Dämmerstunde sah die Stube noch einladender aus; vom Ofen glänzte es so freundlich, wie nicht einmal der Mond glänzt und auch die Sonne nicht, nein, wie nur der Ofen glänzen kann, wenn etwas in ihm ist! Sobald die Tür aufging, züngelte die Flamme heraus, das war eine Angewohnheit bei ihm; es glühte ordentlich rot in des Schneemanns weißem Gesicht, es leuchtete rot auf seiner Brust.

»Ich kann es nicht aushalten«, sagte er. »Wie gut es ihr steht, wenn sie die Zunge heraus streckt!«

Die Nacht war sehr lang, aber nicht für den Schneemann, er stand in seine eigenen schönen Gedanken versunken, und die froren, dass sie ächzten.

Am nächsten Morgen waren die Kellerfenster zugefroren, sie trugen die schönsten Eisblumen, die ein Schneemann nur verlangen konnte, aber sie verbargen den Ofen. Die Scheiben wollten nicht auftauen, er konnte ihn nicht sehen. Es ächzte, es knirschte, es war ganz ein Frostwetter, wie es einem Schneemann Freude machen musste, aber er war nicht froh; er hätte sich so glücklich fühlen müssen und können, aber er war nicht glücklich, er hatte Ofensehnsucht.

»Das ist für einen Schneemann eine böse Seuche«, sagte der Kettenhund; »ich habe diese Seuche auch ein wenig, aber ich habe sie überstanden; weg! weg! – jetzt kriegen wir Witterungsumschlag.«

Und es kam ein Witterungsumschlag, es kam Tauwetter. Das Tauwetter nahm zu, der Schneemann nahm ab. Er sagte nichts, er klagte nicht, und das ist das richtige Zeichen.

Eines Morgens stürzte er zusammen. Dort, wo er gestanden hatte, stak so etwas wie ein Besenstiel, um den herum hatten die Jungen ihn aufgebaut.

»Jetzt kann ich das mit seiner Sehnsucht verstehen«, sagte der Kettenhund, »der Schneemann hat einen Schürhaken im Leibe gehabt; und der war es, der den Aufruhr in ihm verursacht hat, jetzt ist es überstanden; weg! weg!«

Und bald war auch der Winter überstanden.

»Weg! weg!« kläffte der Kettenhund; aber die kleinen Mädchen auf dem Hofe sangen:

»Sprieße, Waldmeister, frisch und grün!
Häng, Weide, deine wollenen Handschuhe hin.
Kommt, Kuckuck, Lerche, singt, wir erwarten
Schon Ende Februar Frühling im Garten!
Ich singe mit, kuckuck, kwiwitt, o Wonne!
Komm und bescheine uns oft, liebe Sonne!«

Dann denkt keiner mehr an den Schneemann.

Von dem Sommer- und Wintergarten

Ein Kaufmann wollte auf die Messe gehen, da fragte er seine drei Töchter, was er ihnen mitbringen sollte. Die Älteste sprach: »ein schönes Kleid«; die Zweite: »ein paar hübsche Schuhe«; die Dritte: »eine Rose.« Aber die Rose zu verschaffen, war etwas Schweres, weil es mitten im Winter war, doch weil die Jüngste die Schönste war, und sie eine so große Freude an den Blumen hatte, sagte der Vater, er wolle zusehen, ob er sie bekommen könne, und sich rechte Mühe darum geben.

Als der Kaufmann wieder auf der Rückreise war, hatte er ein prächtiges Kleid für die Älteste, und ein paar schöne Schuhe für die Zweite, aber die Rose für die Dritte hatte er nicht bekommen können. Wenn er in einen Garten gegangen war, und nach Rosen gefragt, hatten die Leute ihn ausgelacht: »ob er denn glaube, dass die Rosen im Schnee wüchsen.« Das war ihm aber gar leid, und wie er darüber sann, ob er gar nichts für sein liebstes Kind mitbringen könne, kam er vor ein Schloss, und dabei war ein Garten, in dem war es halb Sommer und halb Winter, und auf der einen Seite blühten die schönsten Blumen groß und klein, und auf der andern war alles kahl und lag ein tiefer Schnee. Der Mann stieg vom Pferd herab, und wie er eine ganze Hecke voll Rosen auf der Sommerseite erblickte, war er froh, ging hinzu und brach eine ab, dann ritt er wieder fort. Er war schon ein Stück Wegs geritten, da hörte er etwas hinter sich herlaufen und schnaufen, er drehte sich um, und sah ein großes schwarzes Tier, das rief: »Du gibst mir meine Rose wieder, oder ich mache dich tot, du gibst mir meine Rose wieder, oder ich mach dich tot!« Da sprach der Mann:

»Ich bitt dich, lass mir die Rose, ich soll sie meiner Tochter mitbringen, die ist die Schönste auf der Welt.« – »Meinetwegen, aber gib mir die schöne Tochter dafür zur Frau!« Der Mann, um das Tier los zu werden, sagt ja, und denkt, das wird doch nicht kommen und sie fordern, das Tier aber rief noch hinter ihm drein: »In acht Tagen komm ich und hol meine Braut.«

Der Kaufmann brachte nun einer jeden Tochter mit, was sie gewünscht hatten; sie freuten sich auch alle darüber, am meisten aber die Jüngste über die Rose. Nach acht Tagen saßen die drei Schwestern beisammen am Tisch, da kam etwas mit schwerem Gang die Treppe herauf, und an die Türe und rief: »Macht auf! Macht auf!« Da machten sie auf, aber sie erschraken recht, als ein großes schwarzes Tier hereintrat: »Weil meine Braut nicht gekommen, und die Zeit herum ist, will ich mir sie selber holen.« Damit ging es auf die jüngste Tochter zu und packte sie an. Sie fing an zu schreien, das half aber alles nichts, sie musste mit fort, und als der Vater nach Haus kam, war sein liebstes Kind geraubt.

Das schwarze Tier aber trug die schöne Jungfrau in sein Schloss, da war's gar wunderbar und schön, und Musikanten waren darin, die spielten auf, und unten war der Garten halb Sommer und halb Winter, und das Tier tat ihr alles zu Liebe, was es ihr nur an den Augen absehen konnte. Sie aßen zusammen, und sie musste ihm aufschöpfen, sonst wollte es nicht essen, da ward sie dem Tier hold, und endlich hatte sie es recht lieb.

Einmal sagte sie zu ihm: »Mir ist so Angst, ich weiß nicht recht warum, aber mir ist, als wär mein Vater krank, oder eine von meinen Schwestern, könnte ich sie nur ein einziges Mal sehen!« Da führte sie das Tier zu einem Spiegel und sagte: »Da schau hinein.« und wie sie hineinschaute, war es recht, als wäre sie zu Haus; sie sah ihre Stube und ihren Vater, der war wirklich krank, aus Herzeleid, weil er sich Schuld gab, dass sein liebstes Kind von einem wilden Tier geraubt und gar von ihm aufgefressen sei, hätt' er gewusst, wie gut es ihm ging, so hätte er sich nicht betrübt. Auch ihre zwei Schwestern sah sie am Bett sitzen, die weinten. Von dem allen war ihr Herz ganz schwer, und sie bat das Tier, es sollte sie nur ein paar Tage wieder heim gehen lassen. Das Tier wollte lange nicht, endlich aber, wie sie so jammerte, hatte es Mitleiden mit ihr und sagte: »Geh hin zu deinem Vater, aber versprich mir, dass du in acht Tagen wieder da sein willst.« Sie versprach es ihm, und als sie fort ging, rief es noch: »Bleib aber ja nicht länger als acht Tage aus.«

Wie sie heim kam, freute sich ihr Vater, dass er sie noch einmal sähe, aber die Krankheit und das Leid hatten schon zu sehr an seinem Herzen gefressen, dass er nicht wieder gesund werden konnte, und nach ein paar Tagen starb er. Da konnte sie an nichts anders denken vor Traurigkeit, und hernach ward ihr Vater begraben. Da ging sie mit zum Begräbnis, und dann weinten die Schwestern zusammen und trösteten sich, und als sie endlich wieder an ihr liebes Tier dachte, da waren schon längst die acht Tage herum. Da ward ihr recht angst, und es war ihr, als sei das auch krank, und sie machte sich gleich auf und ging wieder hin zu seinem Schloss.

Wie sie aber wieder ankam, war's ganz still und traurig darin, die Musikanten spielten nicht, und alles war mit schwarzem Flor behangen; der Garten aber war ganz Winter und von Schnee bedeckt. Und wie sie das Tier selber suchte, war es fort, und sie suchte aller Orten, aber sie konnte es nicht finden. Da war sie doppelt traurig, und wusste sich nicht zu trösten. Einmal ging sie so traurig im Garten, und sah einen Haufen Kohlhäupter, die waren oben schon alt und faul, da legte sie die herum, und wie sie ein paar umgedreht hatte, sah sie ihr liebes Tier, das lag darunter und war tot. Geschwind holte sie Wasser und begoss es damit unaufhörlich, da sprang es auf und war auf einmal verwandelt, und ein schöner Prinz. Da ward Hochzeit gehalten und die Musikanten spielten gleich wieder, die Sommerseite im Garten kam prächtig hervor, und der schwarze Flor ward abgerissen, und sie lebten vergnügt miteinander immerdar.

Das Sternenkind

Es waren einmal zwei arme Holzfäller, die durch einen großen Tannenwald nach Hause gingen. Es war Winter, und die Nacht war bitterkalt. Der Schnee lag tief auf der Erde und hoch auf den Zweigen der Bäume. Der Frost zerbrach die kleinen Äste auf beiden Seiten, wo sie vorübergingen; und als sie zu dem Gebirgsbach kamen, hing er bewegungslos in der Luft, denn der Eiskönig hatte ihn geküsst.

Es war so kalt, dass selbst die Tiere und die Vögel nicht wussten, was sie anfangen sollten.

»Uu«, knurrte der Wolf, als er durch das Unterholz lief, den Schwanz zwischen den Beinen, »das ist ja ein ganz abscheuliches Wetter. Dass da die Regierung nicht einschreitet!« »Uiit! Uiit! Uiit!« zwitscherten die grünen Hänflinge, »die alte Erde ist tot, und sie haben sie in ihrem weißen Totenlaken aufgebahrt.« »Die Erde will sich verheiraten, und dies ist ihr Brautgewand«, flüsterten die Turteltauben einander zu. Ihre kleinen rosigen Füße waren ganz verfroren, aber sie meinten, es sei ihre Pflicht, die Lage romantisch aufzufassen.

»Unsinn!« heulte der Wolf. »Ich sage euch, die Regierung ist an allem schuld, und wenn ihr mir nicht glaubt, so fress ich euch.« Der Wolf war von Grund aus praktisch veranlagt, und es fehlte ihm nie an guten Gründen.

»Nun, ich für meinen Teil«, sagte der Specht, der ein geborener Philosoph war, »ich kümmere mich nicht die Spur um Erklärungen. Wenn etwas so ist, ist es so, und jetzt ist es furchtbar kalt.« Und furchtbar kalt war es wirklich. Die kleinen Eichhörnchen, die im Inneren der großen Fichten wohnten, rieben fortwährend ihre Nasen aneinander, um sich warm zu halten, und die Kaninchen rollten sich in ihren Höhlen auf und wagten nicht, sich draußen blicken zu lassen. Es schien, als ob nur die großen gehörnten Eulen sich freuten. Ihre Federn waren vom Reif ganz steif, aber das war ihnen gleich, und sie rollten ihre großen gelben Augen und riefen sich durch den Wald hin zu: »Tu-wiit! Tu-woo! Tu-wiit! Tu-woo! Was für ein wundervolles Wetter wir haben!«

Weiter und weiter gingen die beiden Holzfäller, bliesen sich kräftig auf die Finger und stampften mit ihren großen eisenbeschlagenen Stiefeln auf den festgetretenen Schnee. Einmal sanken sie in ein Loch mit Treibschnee und kamen ganz weiß heraus, wie die Müller sind, wenn die Steine Korn mahlen; und einmal glitten sie auf dem glatten Eise aus, wo das Sumpfwasser gefroren war, und ihr Reisig fiel aus den Bündeln, und sie mussten es wieder zusammensuchen und zusammenbinden; und einmal glaubten sie, sie hätten den Weg verloren, und große Angst befiel sie, denn sie wussten, dass der Schnee grausam ist gegen die, die in seinen Armen schlafen. Aber sie setzten ihr Vertrauen auf den guten Sankt Martin, der über allen Wanderern wacht, und gingen auf ihren Spuren zurück und passten dann scharf auf. Und endlich erreichten sie den Saum des Waldes und sahen, fern unten im Tale zu ihren Füßen, die Lichter des Dorfes, in dem sie wohnten.

Ihre Freude über die Rettung war so groß, dass sie laut lachten, und die Erde erschien ihnen wie eine silberne Blume, und der Mond wie eine Blume aus Gold.

Aber nachdem sie gelacht hatten, wurden sie wieder traurig, denn sie dachten an ihre Armut, und einer von ihnen sagte zum anderen:

»Warum haben wir gelacht? Wir sehen doch, dass das Leben für die Reichen ist und nicht für solche, wie wir sind.

Besser, wir wären vor Kälte im Walde gestorben, oder es wären wilde Tiere über uns hergefallen und hätten uns getötet.«

»Wahrlich«, antwortete sein Gefährte, »den einen ist viel gegeben und wenig den anderen. Das Unrecht hat die Welt verteilt, und nichts ist gleich geteilt außer der Sorge.«

Aber als sie ihr Elend beklagten, geschah etwas Seltsames. Vom Himmel fiel ein glänzender und schöner Stern. Er glitt seitlich am Himmel herab, an den anderen Sternen vorbei in seinem Lauf, und als sie ihm verwundert mit den Augen folgten, schien es ihnen, als sänke er hinter einem Gebüsch von Weidenbäumen zu Boden, das dicht bei einer kleinen Schafhürde stand, nicht mehr als einen Steinwurf von ihnen entfernt.

»Ei! Da liegt ein Topf Gold für den, der ihn findet«, riefen sie aus, und sie machten sich auf und liefen, so gierig waren sie nach dem Golde.

Und der eine von ihnen lief schneller als der andere und überholte ihn und arbeitete sich durch die Weiden und kam auf der anderen Seite heraus, und siehe da: auf dem weißen Schnee lag wirklich ein goldenes Ding. Er eilte also dahin und beugte sich nieder und legte die Hand darauf, und es war ein Tuch aus goldenem Gewebe, seltsam mit Sternen besetzt und in viele Falten geschlungen. Und er rief seinem Gefährten zu, er habe den Schatz gefunden, der vom Himmel gefallen sei, und als sein Gefährte gekommen war, setzten sie sich auf den Schnee und lösten die Falten des Tuches, um die Goldstücke unter sich zu verteilen. Aber ach! Es war kein Gold darin und auch kein Silber, noch überhaupt irgendein Schatz, sondern nur ein kleines schlafendes Kind.

Und der eine von beiden sagte zum anderen:»Das ist ein bitteres Ende unserer Hoffnung, und wir haben kein Glück, denn was soll ein Kind einem Manne nützen? Wir wollen es liegen lassen und unseres Weges gehen; denn wir sind arme Leute und haben selber Kinder, deren Brot wir nicht einem fremden geben dürfen.«

Aber sein Gefährte antwortete ihm: »Nein, es wäre schlecht, das Kind hier im Schnee umkommen zu lassen, und wenn ich auch ebenso arm bin wie du und viele Münder zu füttern und nur wenig in der Schüssel habe, so will ich es doch mit nach Hause nehmen, und mein Weib soll dafür sorgen.«

Und so nahm er das Kind ganz zart auf und hüllte das Tuch darum, um es vor der scharfen Kälte zu schützen, und ging den Hügel hinunter zum Dorf, und sein Gefährte wunderte sich über seine Torheit und Herzensweichheit.

Und als sie zum Dorfe kamen, sagte sein Gefährte zu ihm: »Du hast das Kind, gib mir also das Tuch, denn es ist nur recht, dass wir teilen.«

Aber er antwortete ihm: »Nein; denn das Tuch gehört weder dir noch mir, sondern einzig dem Kinde«; und er bot ihm ein Gott zum Gruß und ging in sein Haus und klopfte.

Und als sein Weib die Tür öffnete und sah, dass ihr Mann heil zurückgekehrt war, schlang sie ihm die Arme um den Hals und küsste ihn und nahm ihm das Reisigbündel vom Rücken und fegte den Schnee von seinen Stiefeln und hieß ihn hereinkommen.

Er aber sagte zu ihr: »Ich habe etwas im Walde gefunden und es dir mitgebracht, dass du dafür sorgest«, und er rührte sich nicht von der Schwelle. »Was ist es?« rief sie. »Zeige es mir, denn das Haus ist leer, und wir brauchen vieles.« Und er zog das Tuch zurück und zeigte ihr das schlafende Kind.

»Ach, guter Mann!« murmelte sie, »haben wir nicht selber Kinder genug, dass du durchaus noch einen Wechselbalg bringen musst, an unserem Herde zu sitzen? Und wer weiß, ob es uns nicht Unglück bringen wird? Und wie sollen wir es pflegen?« und sie war zornig auf ihn.

»Ja, aber es ist ein Sternenkind«, antwortete er; und er erzählte ihr, wie er es gefunden hatte.

Aber sie ließ sich nicht besänftigen, sondern höhnte ihn und sprach zornig und rief:

»Unsere Kinder haben kein Brot, und sollen wir fremde Kinder füttern? Wer kümmert sich um uns? Und wer gibt uns Brot?« »Ja, aber Gott sorgt selbst für die Sperlinge und gibt ihnen Nahrung«, antwortete er.

»Sterben die Sperlinge nicht vor Hunger im Winter?« fragte sie. »Und ist nicht jetzt Winter?«

Und der Mann antwortete nichts, aber er ging nicht von der Schwelle.

Und ein bitterer Wind kam vom Walde herein durch die offene Tür und ließ sie erzittern; und sie schauderte und sagte zu ihm: »Willst du die Tür nicht schließen? Es weht ein bitterer Wind ins Haus, und mich friert.«

»In ein Haus, in dem ein Herz hart ist, weht da nicht immer ein bitterer Wind hinein?« fragte er.

Und die Frau antwortete nicht, sondern kroch dichter ans Feuer. Und nach einer Weile drehte sie sich um und sah ihn an, und ihre Augen waren voll Tränen. Da trat er schnell hinein und legte ihr das Kind in die Arme; und sie küsste es und legte es in ein kleines Bett, wo das jüngste ihrer eigenen Kinder schlief. Und am Morgen nahm der Holzfäller das seltsame goldene Tuch und legte es in eine große Truhe, und eine Kette von Bernstein, die um des Kindes Hals war, nahm seine Frau und legte sie dazu. So wurde das Sternenkind mit den Kindern des Holzfällers aufgezogen und saß mit ihnen am gleichen Tisch und war ihr Spielgefährte. Und jedes Jahr wurde es schöner, so dass alle, die im Dorfe wohnten, von Staunen erfüllt waren; denn während sie schwarzbraun und dunkelhaarig waren, blieb es weiß und zart wie gedrehtes Elfenbein, und seine Locken waren wie die Ringe des Affodill. Und seine Lippen waren wie die Blätter einer roten Blüte, und seine Augen waren wie Veilchen an einem Strome klaren Wassers und sein Leib wie der Narkissos auf einem Felde, wohin der Schnitter nicht kommt.

Aber seine Schönheit tat ihm Böses. Denn es wurde stolz und grausam und selbstsüchtig. Die Kinder des Holzfällers und die anderen Kinder des Dorfes verachtete es und sagte, sie seien von niederer Herkunft, während es edel geboren sei, denn es stamme von einem Stern ab; und es machte sich zum Herrn über sie und nannte sie seine Diener. Kein Mitleid hatte es mit den Armen oder für die, die blind waren oder verkrüppelt oder irgendwie krank; sondern es warf Steine nach ihnen und trieb sie hinaus auf die Landstraße und hieß sie ihr Brot anderswo erbetteln, so dass niemand außer den Geächteten zweimal in jenes Dorf kam, um ein Almosen zu erbitten. Ja, es war wie einer, der die Schönheit über alles liebte; und es verhöhnte, die da schwach und schlecht weggekommen waren, und machte Witze über sie; und sich selber liebte es; und im Sommer, wenn die Winde schliefen, dann lag es am Brunnen im Garten des Priesters und sah hinunter auf das Wunder seines Gesichts und lachte vor Freude über seine Schönheit.

Oft schalten es der Holzfäller und seine Frau und sagten: »Wir haben nicht so an dir gehandelt, wie du an denen handelst, die trostlos sind und niemand haben, der ihnen hülfe. Warum bist du so grausam gegen alle, die Mitleid brauchen?«

Oft schickte auch der alte Priester nach ihm und suchte ihm die Liebe zu allem Lebenden zu lehren und sagte zu ihm: »Die Fliege ist dein Bruder. Tu ihr nichts an. Die wilden Vögel, die im Walde schweifen, haben ihre Freiheit. Fange sie nicht zu deinem Vergnügen. Gott schuf die Blindschleiche und den Maulwurf, und jeder hat seinen Ort. Wer bist du, dass du Schmerz in Gottes Welt tragen dürftest? Selbst die Tiere auf dem Felde preisen Ihn.«

Aber das Sternenkind kümmerte sich nicht um solche Worte, sondern runzelte die Stirn und spottete und ging zu seinen Genossen zurück und führte sie. Und seine Genossen folgten ihm, denn es war schön und schnellfüßig und konnte tanzen und flöten und Musik machen. Und wohin das Sternenkind sie führte, dahin folgten sie, und was das Sternenkind sie tun hieß, das taten sie. Und als es mit einem scharfen Rohr dem Maulwurf die Augen ausstieß, so lachten sie, und wenn es mit Steinen nach den Aussätzigen warf, so lachten sie auch. Und in allen Dingen herrschte es über sie, und sie wurden hartherzig, so wie es.

Nun kam eines Tages eine arme Bettelfrau durch das Dorf. Ihre Kleider waren zerrissen und zerlumpt, und ihre Füße bluteten von dem rauen Weg, auf dem sie gewandert war, und sie war in sehr üblem Zustand. Und da sie müde war, setzte sie sich unter einen Kastanienbaum, um auszuruhen.

Als das Sternenkind sie sah, sagte es zu seinen Genossen: »Seht! Da sitzt ein schmutziges Bettelweib unter dem schönen grünenden Baum. Kommt, wir wollen sie fortjagen, denn sie ist hässlich und ungestalt.«

Und sie kamen näher und warfen Steine nach ihr und verhöhnten sie, und sie sah es mit Schrecken an und wandte den Blick von ihm nicht ab. Und als der Holzhacker, der in einem nahen Wildfang Holz spaltete, sah, was das Sternenkind tat, lief er herbei und schalt es und sagte:

»Wahrlich, du hast ein hartes Herz und kennst kein Erbarmen, denn was hat dir dies arme Weib zuleide getan, dass du es so behandelst ?«

Und das Sternenkind wurde rot vor Zorn und stampfte mit dem Fuß auf den Boden und sagte: »Wer bist du, dass du mich fragst, was ich tue? Ich bin nicht dein Sohn, dass ich tue, was du mich heißest.«

»Da sprichst du wahr«, antwortete der Holzfäller, »aber ich erbarmte mich deiner, als ich dich im Walde fand.«

Und als das Weib diese Worte hörte, stieß sie einen lauten Schrei aus und fiel in Ohnmacht. Und der Holzfäller trug sie zu sich ins Haus, und seine Frau sorgte für sie, und als sie aus der Ohnmacht erwachte, in die sie gefallen war, setzten sie ihr zu essen und zu trinken vor und hießen sie guten Mutes sein. Aber sie wollte weder essen noch trinken, sondern sagte zu dem Holzfäller: »Sagtest du nicht, du hättest das Kind im Walde gefunden? Und war es nicht vor zehn Jahren am heutigen Tag?«

Und der Holzfäller antwortete: »Ja, im Walde hab' ich es gefunden, und heute sind es zehn Jahre her.«

»Und was für Zeichen fandest du bei ihm?« rief sie. »Trug es nicht eine Bernsteinkette um seinen Hals? War es nicht eingehüllt in ein Tuch aus Goldgewebe, bestickt mit Sternen?« »Ganz recht«, antwortete der Holzfäller, »es war, wie du sagst.« Und er nahm das Tuch und die Bernsteinkette aus der Truhe, in der sie lagen, und zeigte sie ihr.

Und als sie sie sah, weinte sie vor Freude und sprach:

»Es ist mein kleiner Sohn, den ich im Walde verlor. Ich bitte dich, schicke sofort nach ihm, denn um ihn zu suchen, bin ich über die ganze Welt gewandert.«

Und der Holzfäller und seine Frau gingen hinaus und riefen das Sternenkind und sagten zu ihm: »Geh ins Haus; dort wirst du deine Mutter finden, die auf dich wartet.«

Und es lief hinein voll Staunen und großer Freude. Als es aber sah, wer da drinnen wartete, lachte es verächtlich und sagte: »Nun, wo ist meine Mutter? Denn ich sehe niemanden hier als das gemeine Bettelweib.«

Und das Weib antwortete ihm: »Ich bin deine Mutter.«

»Du bist wahnsinnig«, rief das Sternenkind voll Zorn. »Ich bin nicht dein Sohn, denn du bist eine Bettlerin und hässlich und in Lumpen. Deshalb schere dich fort und lass mich nicht länger dein schmutziges Gesicht sehen.«

»Nein, aber du bist wirklich mein kleiner Sohn, den ich in den Wald trug«, rief sie, und sie sank in ihre Knie und streckte die Arme nach ihm aus. »Die Räuber haben dich mir gestohlen und dich liegen lassen, damit du sterben solltest«, murmelte sie, »aber ich erkannte dich, als ich dich erblickte, und die Zeichen habe ich auch erkannt, das Tuch aus Goldgewebe und die Bernsteinkette. Deshalb bitte ich dich: komm mit mir, denn über die ganze Welt bin ich gewandert, um dich zu suchen. Komm mit mir, mein Sohn, denn ich brauche deine Liebe.«

Aber das Sternenkind rührte sich nicht von der Stelle, sondern verschloss die Tür seines Herzens gegen sie, und man vernahm keinen Laut, als den Laut des Weibes, das aus Schmerz weinte. Und schließlich sprach es zu ihr, und seine Stimme war hart und bitter: »Wenn du in Wahrheit meine Mutter bist«, sagte es, »dann wäre es besser gewesen, du wärest fortgeblieben und nicht hierher gekommen, um mich in Schande zu bringen; denn ich glaubte, ich sei das Kind eines Sternes und nicht einer Bettlerin Kind, wie du behauptest. Darum mache dich auf und lass mich dich nicht mehr sehen.«

»Ach, mein Sohn«, rief sie, »willst du mich nicht küssen, ehe ich gehe? Denn ich habe vieles erduldet, um dich zu finden.« »Nein«, sagte das Sternenkind, »du bist zu garstig anzuschauen, und eher will ich die Natter küssen oder die Kröte als dich.« Da stand das Weib auf und ging fort in den Wald und weinte bitterlich; und als das Sternenkind sah, dass sie fort war, freute es sich und lief zu seinen Spielgenossen zurück, um mit ihnen zu spielen.

Aber als sie es kommen sahen, verhöhnten sie es und riefen:»Ei, du bist so scheußlich wie die Kröte, und so ekelhaft wie die Natter. Mach dich fort, denn wir lassen dich nicht mit uns spielen«, und sie jagten es aus dem Garten.

Und das Sternenkind runzelte die Stirn und sprach zu sich selber: »Was bedeutet das, was sie sagen? Ich will an den Wasserbrunnen gehen und hineinsehen, und er soll mir meine Schönheit zeigen.«

Und es ging an den Wasserbrunnen und sah hinein und siehe: sein Gesicht war wie das Gesicht einer Kröte und sein Körper war geschuppt wie der einer Natter. Und es warf sich in das Gras und weinte und sprach zu sich: »Wahrlich, das ist über mich gekommen wegen meiner Sünde. Denn ich habe meine Mutter verleugnet und sie fortgejagt und bin stolz und grausam gegen sie gewesen. Darum will ich gehen und sie über die ganze Welt suchen und nicht ruhen, bis ich sie gefunden habe.« Und da kam die kleine Tochter des Holzfällers zu ihm, und sie legte ihm die Hand auf die Schulter und sprach: »Was tut es, ob du deine Schönheit verloren hast? Bleibe bei uns, und ich will dich nicht verhöhnen.«

Es sagte aber zu ihr: »Nein, denn ich bin grausam gegen meine Mutter gewesen, und zur Strafe ist mir dieses Übel gesandt. Deshalb muss ich von hinnen ziehen und durch die Welt wandern, bis ich sie finde und sie mir ihre Vergebung gibt.«

Und es lief fort in den Wald und rief seine Mutter, zu ihm zu kommen, aber es erhielt keine Antwort. Den ganzen Tag lang rief es nach ihr, und als die Sonne unterging, legte es sich auf einem Bett von Blättern nieder, um zu schlafen. Und die Vögel und die Tiere flohen vor ihm, denn sie gedachten seiner Grausamkeit, und es war allein, nur die Kröte sah es an, und die langsame Natter schlich vorüber. Und am Morgen stand es auf und pflückte bittere Beeren von den Bäumen und aß sie und ging seinen Weg durch den großen Wald und weinte. Und alles, was es traf, fragte es, ob es etwa seine Mutter gesehen hätte.

Es sagte zum Maulwurf:»Du kannst unter die Erde gehen. Sage mir, ist meine Mutter dort?« Und der Maulwurf antwortete: »Du hast meine Augen blind gemacht. Wie sollte ich es wissen?«

Und es sagte zum Hänfling: »Du kannst über die Wipfel der großen Bäume fliegen und die ganze Welt sehen. Sage mir, kannst du meine Mutter finden?« Und der Hänfling antwortete: »Du hast mir die Flügel zu deinem Vergnügen beschnitten; wie sollte ich fliegen?«

Und zu dem kleinen Eichhörnchen, das in der Tanne wohnte und einsam war, sagte es: »Wo ist meine Mutter?« Und das Eichhörnchen antwortete: »Du hast die meine erschlagen. Suchst du jetzt auch deine Mutter zu erschlagen?«

Und das Sternenkind weinte und neigte den Kopf und bat Gottes Geschöpfe um Vergebung und ging weiter durch den Wald und suchte nach dem Bettelweib. Und am dritten Tage kam es zur anderen Seite des Waldes und ging hinab in die Ebene. Und wenn es durch die Dörfer kam, verhöhnten es die Kinder und warfen mit Steinen nach ihm; und die Bauern wollten es nicht einmal in den Ställen schlafen lassen; aus Furcht, es könnte den Mehltau auf das gespeicherte Korn bringen, so furchtbar war es anzusehen, und ihre Tagelöhner jagten es davon, und niemand hatte

Mitleid mit ihm. Und nirgends hörte es von dem Bettelweib, das seine Mutter war, obgleich es drei Jahre lang über die Welt wanderte und oftmals glaubte, sie vor sich auf dem Wege zu sehen, und nach ihr rief und hinter ihr herlief, bis seine Füße von den scharfen Kieseln bluteten. Aber einholen konnte es sie nicht, und die am Wege wohnten, leugneten immer, sie gesehen zuhaben, sie oder etwas Ähnliches, und sie verhöhnten seinen Gram. Drei Jahre lang wanderte es über die Welt, und in der Welt war weder Liebe noch Güte noch Erbarmen für es, sondern es war eine Welt, wie es sie in den Tagen seines großen Stolzes um sich geschaffen hatte.

Und eines Abends kam es an das Tor einer stark befestigten Stadt, die an einem Flusse stand, und ob es auch müde und wund war, machte es sich doch auf, hineinzugehen. Aber die Soldaten, die auf der Wache standen, senkten ihre Hellebarden vor den Eingang und sagten rau zu ihm: »Was hast du in der Stadt zu suchen?«

»Ich suche nach meiner Mutter«, antwortete es, »und ich bitte euch, lasst mich hinein, denn es kann sein, dass sie in dieser Stadt ist.« Aber sie verhöhnten es, und einer von ihnen schüttelte seinen schwarzen Bart, setzte seinen Schild nieder und rief: »Wahrhaftig, deine Mutter wird sich nicht freuen, wenn sie dich sieht, denn du bist scheußlicher als die Kröte des Sumpfes oder die Otter, die im Moraste kriecht. Mache dich fort. Mache dich fort. Deine Mutter wohnt nicht in dieser Stadt.«

Und ein anderer, der eine gelbe Fahne in der Hand trug, sagte zu ihm: »Wer ist deine Mutter, und warum suchst du sie?« Und es antwortete: »Meine Mutter bettelt wie ich, und ich habe sie schlecht behandelt; und ich bitte euch, lasst mich hinein, dass sie mir ihre Verzeihung gebe, wenn sie in dieser Stadt weilt.«

Aber sie wollten nicht und stachen nach ihm mit ihren Speeren. Und als es sich weinend fortwandte, kam einer, dessen Rüstung mit goldenen Blumen eingelegt war und auf dessen Helm ein geflügelter Löwe lag, und er fragte die Soldaten, wer da Eintritt verlangt hätte. Und sie sagten zu ihm: »Es war ein Bettler und das Kind einer Bettlerin, und wir haben es fortgejagt.«

»Ei«, rief er lachend, »lasst uns doch das schmutzige Ding als Sklaven verkaufen, und sein Preis soll eine Schale süßen Weines sein.«

Und ein alter Mann mit einem bösen Gesicht ging vorüber und rief aus und sagte: »Ich will es um den Preis kaufen«, und als er den Preis gezahlt hatte, nahm er das Sternenkind bei der Hand und führte es in die Stadt.

Und nachdem sie durch viele Straßen gegangen waren, kamen sie an eine kleine Tür in einer Mauer, die von einem Granatbaum bedeckt war. Und der alte Mann berührte die Tür mit einem Ring aus geschnittenem Jaspis, und sie sprang auf, und sie gingen fünf erzene Stufen hinunter in einen Garten, in dem schwarzer Mohn wuchs und grüne Krüge aus gebranntem Lehm standen. Und der alte Mann nahm aus seinem Turban ein Tuch aus bunter Seide und band dem Sternenkind die Augen zu und stieß es vor sich her. Und als ihm das Tuch von den Augen genommen wurde, befand es sich in einem Kerker, den eine Hornlaterne beleuchtete.

Und der alte Mann setzte ihm auf einem Holzteller schimmliges Brot vor und sagte: »Iß!« und salziges Wasser in einem Becher und sagte: »Trink!« Und als es gegessen und getrunken hatte, ging der alte Mann hinaus und verschloss die Tür hinter sich und verriegelte sie mit einer eisernen Kette.

Und am anderen Tage kam der alte Mann, der der verschlagenste der libyschen Zauberer war und seine Kunst von einem gelernt hatte, der in den Gräbern des Niles wohnte, zu ihm herein, sah es finster an und sprach: »In einem Wald nahe bei dieser Stadt von Giaouren liegen drei Stücke Gold. Eins ist aus weißem Gold, ein anderes aus gelbem Gold und das Gold des dritten ist rot. Heute sollst du mir das Stück weißen Goldes bringen, und wenn du es nicht mitbringst, so werde ich dich mit hundert Schlägen schlagen. Mache dich geschwind auf, und bei Sonnenuntergang werde ich dich an der Tür des Gartens erwarten. Sieh zu, dass du das weiße Gold bringst, oder es wird dir übel ergehen, denn du bist mein Sklave, und ich habe dich um den Preis einer Schale süßen Weines gekauft.«

Und er verband dem Sternenkind die Augen mit dem Tuch aus bunter Seide und führte es durch das Haus und durch den Mohngarten und die fünf erzenen Stufen hinauf. Und nachdem er die kleine Tür mit seinem Ring geöffnet hatte, schob er es auf die Straße.

Und das Sternenkind ging zu den Toren der Stadt hinaus und kam zu dem Wald, wovon ihm der Zauberer gesprochen hatte.

Und der Wald war von außen schön anzusehen und schien voll von singenden Vögeln und süß duftenden Blumen zu sein, und das Sternenkind ging froh hinein. Aber die Schönheit nützte ihm wenig, denn wohin es auch ging, wuchsen scharfe Dornen und Sträucher aus der Erde empor und umklammerten es, und böse Nesseln brannten es, und die Distel stach es mit ihren Dolchen, so dass es in großer Not war. Und nirgends konnte es das Stück weißen Goldes finden, von dem der Zauberer gesprochen hatte, obgleich es vom Morgen bis zum Mittag suchte und vom Mittag bis zum Sonnenuntergang. Und mit Sonnenuntergang wandte es sein Gesicht heimwärts, und es weinte bitterlich, denn es wusste, was es erwartete. Als es aber den Saum des Waldes erreicht hatte, da hörte es aus einem Dickicht einen Schrei, wie von einem, der in Not ist. Und da vergaß es seine eigene Sorge und lief zurück und fand einen kleinen Hasen in einer Falle, die ein Jäger aufgestellt hatte.

Und das Sternenkind hatte Mitleid mit ihm und befreite ihn und sagte: »Ich bin selbst nur ein Sklave und doch kann ich dir die Freiheit geben.«

Und der Hase antwortete ihm und sagte: »Wahrlich, du hast mir die Freiheit gegeben, und was soll ich dir dafür geben?«

Und das Sternenkind sagte zu ihm: »Ich suche nach einem Stück weißen Goldes und kann es nirgends finden, und wenn ich es meinem Herrn nicht bringe, wird er mich schlagen.«

»Komm mit mir«, sagte der Hase, »ich will dich zu ihm führen, denn ich weiß, wo es verborgen ist, und zu welchem Zweck.« Und das Sternenkind ging mit dem Hasen, und siehe: im Spalt eines großen Eichbaumes lag das Stück weißen Goldes, das es suchte.

Und es war voller Freude und ergriff es und sagte zu dem Hasen: »Den Dienst, den ich dir tat, hast du viele Male zurückgegeben, und die Güte, die ich dir erwies, hast du hundertfach zurückgezahlt.«

»Nein«, antwortete der Hase, »aber wie du an mir gehandelt hast, habe ich an dir gehandelt«, und er lief hurtig davon, und das Sternenkind ging zur Stadt zurück.

Und am Tore der Stadt saß einer, der ein Aussätziger war. Über sein Gesicht hing eine Kappe aus grauem Leinen, und durch die Augenlöcher glühten seine Augen wie rote Kohlen. Und als er das Sternenkind kommen sah, schlug er an ein hölzernes Becken und klirrte mit seiner Glocke und rief es an und sagte: »Gib mir ein Geldstück, oder ich muss Hungers sterben. Denn sie haben mich aus der Stadt gestoßen, und niemand hat Mitleid mit mir.« »Ach!« rief das Sternenkind, »ich habe nur ein Stück Goldes in meinem Beutel, und wenn ich das meinem Herrn nicht bringe, wird er mich schlagen, denn ich bin sein Sklave.«

Aber der Aussätzige flehte es an und bat es, bis das Sternenkind Mitleid hatte und ihm das Stück weißen Goldes gab.

Und als es zum Hause des Zauberers kam, öffnete ihm der Zauberer und ließ es herein und sagte: »Hast du das Stück weißen Goldes?«

Und das Sternenkind antwortete: »Ich habe es nicht.«

Da fiel der Zauberer über es her und schlug es und setzte ihm einen leeren Teller vor und sagte: »Iss!« und einen leeren Becher und sagte: »Trink!« und warf es wieder in den Kerker.

Und am andern Morgen kam der Zauberer wieder zu ihm und sagte: »Wenn du mir heute nicht das Stück gelben Goldes bringst, werde ich dich wahrlich als meinen Sklaven behalten und dir dreihundert Schläge geben.«

Und das Sternenkind ging in den Wald, und den ganzen Tag lang suchte es nach dem Stück gelben Goldes, aber nirgends konnte es es finden. Und beim Sonnenuntergang setzte es sich hin und begann zu weinen, und als es weinte, kam der kleine Hase zu ihm, den es aus seiner Falle befreit hatte.

Und der Hase sagte zu ihm: »Warum weinst du, und was suchst du im Walde?« Und das Sternenkind antwortete: »Ich suche ein Stück gelben Goldes, das hier verborgen ist, und wenn ich es nicht finde, wird mein Herr mich schlagen und mich als seinen Sklaven behalten.«

»Folge mir«, rief der Hase, und er lief durch den Wald, bis er an einen Wasserpfuhl kam. Und auf dem Grunde des Pfuhles lag das Stück gelben Goldes.

»Wie soll ich dir danken?« sagte das Sternenkind, »denn siehe: das ist das zweite Mal, dass du mir geholfen hast.«

»Ja, aber du hattest zuerst Erbarmen mit mir«, sagte der Hase, und er lief eilig fort.

Und das Sternenkind nahm das Stück gelben Goldes und steckte es in seinen Beutel und eilte zur Stadt. Aber der Aussätzige sah es kommen und lief ihm entgegen und kniete nieder und rief:

»Gib mir ein Stück Geldes, oder ich werde Hungers sterben.« Und das Sternenkind sagte zu ihm:

»Ich habe in meinem Beutel nur ein Stück gelben Goldes, und wenn ich es meinem Herrn nicht bringe, wird er mich schlagen und mich als seinen Sklaven behalten.«

Aber der Aussätzige bat es so sehr, dass das Sternenkind Mitleid mit ihm hatte und ihm das Stück gelben Goldes gab.

Und als es zum Hause der Zauberers kam, öffnete der Zauberer ihm und ließ es herein und sagte: »Hast du das Stück gelben Goldes?«

Und das Sternenkind sagte: »Ich habe es nicht.«

Da fiel der Zauberer über das Sternenkind her und schlug es und belud es mit Ketten und warf es wieder in den Kerker.

Und am folgenden Morgen kam der Zauberer zu ihm und sagte: »Wenn du mir heute das Stück roten Goldes bringst, will ich dich freilassen. Aber wenn du es nicht bringst, werde ich dich wahrlich erschlagen.«

Und das Sternenkind ging in den Wald hinaus und suchte den ganzen Tag lang nach dem Stück roten Goldes, konnte es aber nirgends finden. Und am Abend setzte es sich hin und weinte, und als es weinte, kam der kleine Hase zu ihm.

Und der Hase sagte zu ihm: »Das Stück roten Goldes, das du suchst, liegt in der Höhle hinter dir. Also weine nicht länger, sondern freue dich.«

»Wie soll ich dir lohnen?« rief das Sternenkind; »denn siehe, dies ist das dritte Mal, dass du mir geholfen hast.«

»Ja, aber du hattest zuerst mit mir Erbarmen«, sagte der Hase, und er lief eilig fort.

Und das Sternenkind ging in die Höhle, und im entferntesten Winkel fand es das Stück roten Goldes. Und es steckte es in seinen Beutel und eilte zur Stadt. Und der Aussätzige sah es kommen und stellte sich auf die Mitte des Weges, rief aus und sagte: »Gib mir das Stück roten Goldes, oder ich muss sterben«, und das Sternenkind hatte wieder Mitleid mit ihm und gab ihm das Stück roten Goldes und sagte: »Deine Not ist größer als meine.« Aber sein Herz war schwer, denn es wusste, welch übles Schicksal seiner harrte.

Doch siehe: als es durch das Tor der Stadt kam, neigten sich die Wachen und huldigten ihm und sagten: »Wie schön unser Herr ist!«

Und eine Menge von Bürgern folgte ihm und rief: »Wahrlich, niemand in der ganzen Welt ist schöner!«

Und das Sternenkind weinte und sprach zu sich: »Sie spotten meiner und machen sich über mein Elend lustig.« Und so groß war der Zusammenlauf des Volkes, dass es die Richtung seines Wegs verlor und sich zuletzt auf einem großen Platze befand, auf dem der Palast eines Königs stand.

Und das Tor das Palastes öffnete sich, und die Priester und die hohen Beamten der Stadt eilten ihm entgegen, und sie erniedrigten sich vor ihm und sagten: »Du bist unser Herr, auf den wir gewartet haben, und der Sohn unseres Königs.«

Und das Sternenkind antwortete ihnen und sprach: »Ich bin keines Königs Sohn, sondern das Kind eines armen Bettelweibes. Und warum sagt ihr, ich sei schön, da ich doch weiß, dass ich übel anzuschauen bin?«

Da hielt der, dessen Rüstung mit goldenen Blumen eingelegt war und auf dessen Helm ein geflügelter Löwe lag, einen Schild hoch und rief: »Warum sagt mein Herr, er sei nicht schön?«

Und das Sternenkind sah hinein, und siehe: sein Gesicht war, wie es gewesen war, und seine Schönheit war zurückgekehrt, und in seinen Augen sah es, was es zuvor in ihnen nie gesehen hatte. Und die Priester und die hohen Beamten knieten nieder und sprachen zu ihm: »Es war seit langer Zeit geweissagt, dass am heutigen Tage kommen würde, der über uns herrschen soll. Deshalb nehme unser Herr diese Krone und dies Zepter, und in seiner Gerechtigkeit und Gnade sei er unser König über uns.«

Aber es sprach zu ihnen: »Ich bin nicht würdig, denn ich habe die Mutter, die mich trug, verleugnet, und ich darf nicht ruhen, bis ich sie gefunden habe und ihre Vergebung erfuhr. Deshalb lasst mich gehen, denn ich muss wieder über die Welt wandern und darf hier nicht weilen, ob ihr mir auch die Krone bringt und das Zepter.«

Und als es sprach, wandte es das Gesicht von ihnen und auf die Straße hinaus, die zum Tore der Stadt führte, und siehe: unter der Menge, die die Soldaten umdrängte, sah es das Bettelweib, das seine Mutter war, und ihr zur Seite stand der Aussätzige, der am Wege gesessen hatte.

Und ein Freudenschrei brach von seinen Lippen, und es lief hinüber und kniete nieder und küsste die Wunden an seiner Mutter Füßen und benetzte sie mit seinen Tränen. Es neigte sein Haupt in den Staub und schluchzte wie eines, dessen Herz brechen will, und es sprach zu ihr: »Mutter, ich verleugnete dich in der Stunde meines Stolzes. Nimm mich auf in der Stunde meiner Niedrigkeit. Mutter, ich gab dir Hass. Gib du mir Liebe. Mutter, ich stieß dich zurück. Nimm jetzt dein Kind auf.«

Aber das Bettelweib antwortete ihm nicht ein Wort.

Und das Sternenkind streckte die Hände aus und umfasste die weißen Füße des Aussätzigen und sprach zu ihm: »Dreimal gab ich dir von meinem Mitleid. Heiß meine Mutter einmal zu mir reden.«

Aber der Aussätzige antwortete ihm nicht ein Wort. Und es schluchzte wieder und sprach: »Mutter, mein Leiden ist größer, als ich es tragen kann. Gib mir deine Vergebung und lass mich zurück in den Wald.«

Und das Bettelweib legte ihm die Hand aufs Haupt und sprach: »Stehe auf!« und der Aussätzige legte ihm die Hand aufs Haupt und sprach auch: »Stehe auf!« Und es stand auf und sah sie an, und siehe: sie waren ein König und eine Königin.

Und die Königin sagte zu ihm: »Dies ist dein Vater, dem du geholfen hast.« Und der König sagte: »Dies ist deine Mutter, deren Füße du mit deinen Tränen gewaschen hast.«

Und sie fielen ihm um den Hals und küssten es und führten es in den Palast und kleideten es in schöne Gewänder und setzten ihm die Krone aufs Haupt und legten das Zepter in seine Hand, und es regierte über die Stadt an dem Strome und war ihr Herr. Viel Gerechtigkeit und Gnade erzeigte es allen, und den bösen Zauberer verbannte es, und dem Holzfäller und seiner Frau schickte es viele reiche Gaben, und ihren Kindern gab es große Ehre. Und es duldete nicht, dass irgend jemand gegen Vogel und Vieh grausam war, sondern lehrte Liebe und Güte und Erbarmen, und den Armen gab es Brot und den Nackenden Kleidung, und es war Friede und Fülle im Lande.

Doch das Sternenkind herrschte nicht lange, so groß war sein Leiden und so bitter das Feuer seiner Prüfung gewesen; denn nach drei Jahren starb es. Und der nach ihm kam, herrschte übel.

Warum der Bär einen Stummelschwanz hat

Der Bär begegnete einmal dem Fuchs, der mit einem Bund Fische herangeschlichen kam, das er gestohlen hatte. »Wo hast du das her?« fragte der Bär.

»Ich bin beim Angeln gewesen, Herr Bär!« antwortete der Fuchs. Da bekam der Bär auch Lust, das Angeln zu erlernen, und er bat den Fuchs, ihm zu sagen, wie er es anstellen solle.

»Das ist für dich eine einfache Kunst«, antwortete der Fuchs, »und sie ist bald gelernt. Du brauchst nur aufs Eis zu gehen, dir ein Loch zu hauen und den Schwanz hineinzustecken, und dann musst du ihn schön lange so halten. Du musst dich nicht darum kümmern, ob es darin prickelt: denn dann beißt der Fisch an; je länger du ihn so halten kannst, desto mehr Fische bekommst du. Und ganz plötzlich musst du ihn dann mit einem Ruck heraufziehen!«

Ja, der Bär tat, wie ihm der Fuchs gesagt hatte, und hielt den Schwanz lange, lange ins Loch hinein, bis er schön festgefroren war. Dann zog er mit einem Ruck – den Schwanz ab, und heutzutage noch geht er mit einem Stummelschwanz umher.

Hasendämmerung

Jans Mümmelmann, der alte Heidhase, lag in seinem Lager auf dem blanken Heidberg, ließ sich die Mittagssonne auf den billigen Balg scheinen und dachte nach über Leben und Tod. Sein Leben war Mühe und Angst gewesen. Aber dennoch fand er, dass sein Leben köstlich gewesen war. Auf grünen Feldern hatte sich seine Jugendzeit abgespielt; seine Jünglingsjahre hatte er im Walde verlebt; die Jahre seiner männlichen Reife verbrachte er in der Heide, nachdem ihn Feld und Wald Menschenhass gelehrt hatten, und nur, wenn sein Herz sich nach Zärtlichkeiten sehnte, verließ er die Öde.

Da lebte er, ein einsamer Weltweiser. Die Äsung war mager, aber es stand nicht, wie beim Klee im Felde und bei der üppigen Wiese im Walde, die Angst bleichwangig und schlotterbeinig immer neben ihm; in Ruhe und Frieden konnte er da leben, sorglos im feinen Flugsande des Heidhügels die rheumatischen Glieder baden und dem Gesange der Heidelerchen lauschen.

Mümmelmann fand heute aber doch, dass er etwas Abwechslung in seine Nahrung bringen müsse. Keine Philosophie der Welt tröstet den Magen, und keine Weltweisheit befestigt die Appetitlosigkeit. Beim Dorfe gab es jetzt schon junge Roggensaat. Auch brauner Kohl war da, ferner Apfelbaumrinde, etwas ganz Feines, und der Klee war schon hoch genug, an den Gräben wuchs allerlei winterhartes Kraut; Mümmelmann lief das Wasser hinter den gelben Zähnen zusammen.

Allerdings, so ohne Gefahr ging ein Diner beim Dorfe nicht ab. Fast immer stöberten Wasser oder Lord oder Widu oder Hektor oder ein anderer dieser scheußlichen Köter im Felde herum. Der Jagdaufseher hatte im Felde überall Tellereisen und Schwanenhälse liegen, und der Jagdpächter hielt sich immer in der Nähe des Dorfes mit seinem Schießknüppel auf. Er war ein bisschen sehr dick und hatte eine trockene Leber, so dass er sich nicht gern weit vom Kruge entfernte.

Aber schließlich, was kann das schlechte Leben helfen? dachte Mümmelmann; *einen* Tod sterben wir Hasen ja doch nur, und besser ist es, im Dampfe dem guten Schützen sein Kompliment zu machen, als vor Altersschwäche den Schnäbeln der Krähen zum Opfer zu fallen. Und so machte er sorgfältig Toilette und rückte erst langsam, dann schneller gen Knubbendorf, wo er bei tiefer Dämmerung ankam.

Es war eine gemütliche Nacht. Der Schnee war weich und trocken, die Luft windstill, die Kälte nicht zu stark und der Himmel bedeckt, so dass Jans und die anderen keine Angst zu haben brauchten vor dem alten Krischan, dem Armenhäusler und Besenbinder, der mit seinem verrosteten Vorderlader bei hellen Nächten hinter dem Misthaufen auf die Hasen lauerte. Es gab ein langes Begrüßen und Erzählen, und so kam es, dass Jans völlig die Zeit verpasste und erst lange nach dem ersten Hahnenschrei, als der Tag schon mit rotverschlafenem Gesicht über die Geest stieg, nach seiner Heide zurückhoppelte, in Begleitung eines jungen, strammen Moorhasen, Ludjen Flinkfoot, seiner im letzten Herbst bei dem großen Kesseltreiben im Feuer gebliebenen Schwester Sohn. Den hatte er bewogen, mitzukommen, er wollte ihn erziehen und als Erben einsetzen.

Als sie aber an den Heiderand kamen, da stutzten sie und machten Männchen, denn vor ihnen zappelten im Frühwinde lauter bunte Lappen. Voller Angst liefen sie zurück und scharrten sich, nachdem sie erst viele Haken geschlagen und Widergänge gemacht hatten, in einem mächtigen Brombeerbusch bei den Fischteichen ihr Lager.

Inzwischen war im Dorfe großes Leben. Dreißig Männer waren gekommen, bis an die Zähne bewaffnet, schrecklich anzusehen in ihrem Kriegsschmuck. Sie waren in den Krug gegangen, aßen und tranken, was es gab, machten sich mit Pfeifen und Zigarren und auch sonst blauen Dunst vor, prügelten ihre Hunde, die sich bissen, kniffen allen weiblichen Wesen unter fünfzig Jahren die Arme braun und blau, erzählten sich mehr oder minder starke, neuaufgewärmte alte Witze und zogen dann los, die reine Winterluft mit dem Rauch ihrer Zigarren und die Morgenstille mit dem Geknarre ihrer Stimmen erfüllend und sich freuend über den klaren, windstillen, schönen Tag, der so recht geeignet sei für den Hasenmassenmord.

Dicht hinter dem Dorfe wurde der erste Kessel gemacht. Ein Waldhorn erklang, Schützen und Treiber setzten sich nach dem Zentrum in Bewegung, und das Kriegsgeschrei der rauen Kehlen dröhnte durch den Wintermorgen. Da wurden überall graue Flecke im weißen Schnee sichtbar, die sich zu Pfählen verlängerten, unschlüssig hin und her hoppelten, wie besessen dahinrasten, und dann knallte es hier, blitzte es da, rauchte es dort, und ein Hase nach dem anderen rückte zusammen, wurde kürzer, immer kürzer, blieb schließlich liegen, sprang noch einmal in die Höhe und lag dann ganz still. Andere schlugen im Dampf ein Rad, dass der Schnee stäubte, wieder andere liefen wie gesund weiter und fielen plötzlich um. Und immer enger wurde der Kessel, immer zerfurchter seine Schneedecke von den Spuren der Hasen und den eingeschlagenen Schroten, und hellrote Flecke und Streifen sowie die dunklen Patronenpropfen unterbrachen seine Farblosigkeit.

Ein Leiterwagen nahm die toten Hasen auf, und es ging zum zweiten Kessel. Und als der abgetrieben war, kam der dritte an die Reihe, und dann ging es zum Jagdhause vor dem Moore, wo der Wirt mit seinen Töchtern Bohnensuppe auffüllte und Glühwein einschenkte und Grog. Da gab es ein großes Erzählen hin und her, so dass Herr Markwart, der Häher, und Frau Eitel, die Elster, entsetzt abstoben und es weit und breit herumbrachten, dass die Jäger wieder einmal da wären und schon hundertundsiebzig Hasen ermordet hätten.

Mümmelmann hörte aufmerksam zu, als Frau Eitel das Herrn Luthals, dem Würger, erzählte, und er dachte bei sich: »Wenn sie schon soviel haben, dann werden die Schinder wohl nicht mehr hierher kommen«, und er flüsterte Ludjen Flinkfoot zu: »Bleib immer hübsch still liegen, mein Junge, mag kommen, was da kommen will; wer sich nicht zeigt, wird nicht gesehen, und wer nicht gesehen wird, den trifft kein Blei.«

Es kam aber anders: Wieder klang das Horn. »Schwerenot noch einmal«, knurrte Jans unter seinem bereiften Bart her, »noch ein Kessel? Die Sonne geht ja schon in ihr Lager. Und ich glaube, die Bande kommt auf uns zu.« Ein furchtbares Gebrüll erhob sich von allen Seiten, der Boden dröhnte, Schüsse knallten. Ludjen wollte weg, aber der Alte rief: »Bliw liggen, du Döskopp«; denn wenn er erregt wurde, sprach er Platt, was er sich sonst als unfein abgewöhnt hatte, und dann setzte er hinzu: »Man kann nicht wissen, was passiert. Ich habe so eine Ahnung, als ob ich die Sonne nicht mehr aufgehen sehen soll. Und nun höre zu: Falle ich und du bleibst gesund, so rückst du in die Heide, bis du an den Heidberg kommst, wo die großmächtigen Steine aufeinanderliegen. Da bist du das ganze Jahr sicher, da kommt niemand hin als die dämlichen Schafe und höchstens einmal Reinke Rotvoss, der alte Schleicher; der erzählt ganz gut, aber halte ihn dir drei Schritte vom Leibe. Einem Fuchs darf man erst trauen, wenn er kalt und steif ist.«

Näher kam das Getrampel, dichter folgten die Schüsse, hin und her flitzten die Hasen, kobolzten von den Dämmen auf das Eis der Teiche und blieben da liegen. Auf einmal schwoll das Gebrüll noch weiter an: »De Voss, de Voss!« riefen die Treiber und domm, domm, domm, domm krachte es. Mümmelmann hörte es in den Brombeeren knistern, etwas Rotes sauste über ihn fort, dann etwas Schwarzweißes, und dicht vor ihm schlug sich ein großer Hund den Fuchs um den Kopf.

»Meinen Segen hat er«, dachte der alte Hase bei aller Angst; doch im nächsten Augenblicke fuhr er aus seinem Lager, denn ein zweiter Hund kam an und wollte ihn gerade fassen: »Da löppt noch een!« schrien die Treiber. Aber Jans war nicht umsonst bei seiner Mutter, der erfahrenen Gelke Mümmelmann, in die Lehre gegangen. Er schlug einen Haken über den anderen und hielt sich immer dicht vor dem Hunde, so dass kein Schütze zu schießen wagte. Auf einmal aber krachte ein Schuss, die Schrote schlugen pfeifend auf das Eis, der Hund jaulte auf, und wütende Stimmen erhoben sich.

»Junger Mann, Sie haben meinen Hund totgeschossen!« brüllte ein dicker Herr.

»Ja, was kann ich dafür«, rief der dünne Student, »ich habe ihn nicht gesehen; was hat der Hund auch im Kessel herum zu biestern?«

Und der Dicke schrie wieder: »Er sollte den Fuchs apportieren. Der Hund hat mich dreihundert Mark gekostet.«

Und der Student rief: »Dreihundert Mark? Na, der Ihnen das abgeknöpft hat, der wird schön gelacht haben. Ich habe den Hund ja arbeiten sehen; hühnerrein war er, straßenrein auch, und Hasen hetzte er famos. Und wenn er auch nicht eingetragen war, ein ausgetragenes Biest war er doch, und die Rassenmerkmale hatte er innerlich wie die Ziegen den Speck. Dreihundert Mark? Lächerlich, Sie meinen wohl Pfennige?« So ging es weiter, und keiner achtete auf Mümmelmann. Der machte, dass er fortkam, denn er hasste Zank und Streit. Ihm tat nur Ludjen leid, um den Jungen hatte er Bange. Es dämmerte schon, als er an den Heiderand kam, und gerade dachte er, er wollte sich um die Lappen nicht kümmern, da krachte es, und wie zwanzig Peitschenhiebe auf einmal fühlte er es in Rücken und Keulen. Das war der Jagdaufseher gewesen, der die Lappen aufrollen wollte.

Jans fühlte, dass es mit ihm aus war. Aber er kam doch noch vom Fleck und tauchte in der Dämmerung unter. Ihm war sehr schwach zumute, obgleich er gar keine Schmerzen hatte; nur das Laufen wurde ihm schwer und das Atmen. Er kam noch bis zu dem alten Steingrab auf dem Heidberg, und da wühlte er sich in den weichen Sand, lag ganz still und äugte nach dem hellen Sternenbilde, das über dem fernen Walde stand und ganz wie ein riesenhafter Hase aussah.

Als der Mond über den Wald kam, da hoppelte auch Ludjen Flinkfoot heran. Er hatte, so schwer es ihm bei seiner Angst auch wurde, seines Oheims Ratschläge befolgt und war gesund davongekommen. Der gute Junge war sehr betrübt, dass er ihn todkrank fand; er rückte dicht an ihn heran und wärmte den Fiebernden.

Als es vom Dorfe Mitternacht schlug, da wurden Mümmelmanns Seher groß und starr; er sah die Zukunft vor sich: »Der Mensch ist auf die Erde gekommen«, sprach er, »um den Bären zu töten, den Luchs und den Wolf, den Fuchs und das Wiesel, den Adler und den Habicht, den

Raben und die Krähe. Alle Hasen, die in der Üppigkeit der Felder und im Wohlleben der Krautgärten die Leiber pflegen, wird er auch vernichten. Nur die Heidhasen, die stillen und genugsamen, wird er übersehen, und schließlich wird Mensch gegen Menschen sich kehren, und sie werden sich alle ermorden. Dann wird Frieden auf Erden sein. Nur die Hirsche und Rehe und die kleinen Vögel werden auf ihr leben und die Hasen, die Abkömmlinge von mir und meinem Geschlecht, Du, Ludjen, mein Schwestersohn, wirst den reinen Schlag fortpflanzen, und dein Geschlecht wird herrschen von Anfang bis Untergang. Der Hase wird Herr der Erde sein, denn sein ist die höchste Fruchtbarkeit und das reinste Herz.«

Da rief der Kauz im Walde dreimal laut: »Komm mit, komm mit, komm mit zur Ruh, zur Ruh, zur Ruhuhuhu!«, und Mümmelmann flüsterte: »Ich komme«, und seine Seher brachen.

Ludjen hielt die Totenwacht bei seinem Oheim; drei Tage und drei Nächte blieb er bei ihm. Als er aber nach der vierten Nacht zurückkam zum Hünengrab, da war der Leib seines Oheims verschwunden, und Ludjen meinte, die kleinen weißen Hasen wären gekommen und hätten ihn weggeholt zu dem Hasenparadiese, wo der große, weiße Hase auf dem unendlichen Kleeanger sitzt.

Reinke Rotvossens Vetternschaft aber wunderte sich, dass der alte dreibeinige Heidfuchs, der immer so klapperdürr war, seit einigen Tagen einen strammen Balg hatte. Er hatte seinen Freund Mümmelmann bestattet auf seine Art.

Vom langen Winter

Ein kluger Mann hatte eine dämliche Frau. Der kaufte er einen Ochsen und trug ihr auf, während er im Sommer und Herbst auf Reisen gehen musste, ihn fett zu füttern für den *langen Winter*. So oft er einmal nach Hause kam, sagte er zu seiner Frau: »Weib, denke an den *langen Winter*! Füttere mir den Ochsen recht, damit er etwas Festes vorfindet, wenn er kommt, und greife mir das Geld nicht an, das ich hier in den Schubkasten lege, denn das ist auch für den *langen Winter*.« Und so geht er denn wieder in seinen Geschäften auf Reisen.

Wie der kluge Mann fort ist, da kommt an einem schönen Tage im Herbst einmal ein Fleischer zu der Frau und fragt, ob sie keinen Ochsen zu verkaufen hätte. Die Frau schaut ihn an und sieht, dass er sehr lang und groß ist und fragt, wer er denn sei. »Ich bin der Fleischermeister Winter«, antwortet er, »für mich wird gar mancher Ochse fett gemacht.« »Also der lange Winter«, ruft die Frau aus und sagt, ja, wenn er der lange Winter wäre, da hätten sie auch einen Ochsen für ihn, er möge nur mit in den Stall kommen, sie wolle ihm das Tier sogleich übergeben. Sie gehen also miteinander in den Ochsenstall, und der lange Winter klopft dem Ochsen so recht wohlgefällig auf sein braunes Fell und sagt, das wäre doch einmal etwas für ihn, so etwas von Ochsen wäre lange nicht für ihn gemästet worden. Da wird die Frau ganz gerührt, dass der lange Winter mit ihrem Ochsen so zufrieden ist und sagt: »Ach, lieber Herr Winter, wenn Ihr wüsstet, wie oft ich an Euch gedacht habe, so oft mein Mann fort war! Den ganzen Tag hab' ich den Ochsen gepflegt und gewartet, damit Ihr ein gutes Stück Fleisch fändet, wenn Ihr kämet. Mein Mann sagte mir aber auch jedes Mal, wenn er hier war: »Frau, denke an den langen Winter. O, der hält große Stücke auf Euch, das könnt Ihr mir glauben.« Der lange Winter kniff die Frau ein wenig in die Wangen, und sie wurde in ihrem Herzen ganz glücklich darüber, von einem solchen Manne so geehrt zu werden. Da glaubte der Fleischer, jetzt sei der Augenblick gekommen, wo er mit der Frau über den Preis abschließen müsse. Er bot ihr wenig genug, weil er sie so gut gelaunt sah. Aber die Frau sagte: »Was denkt Ihr von uns? Das ist mir und meinem Manne an der Wiege nicht gesungen, dass wir Ochsen für Geld fett machen sollen, das tun wir nur aus Liebe. Ja, ja, aus Liebe für Euch, Herr Winter, haben wir den Ochsen fett gemacht. Wir haben auch Geld für Euch gespart, kommt mit herein in die Stube, in der Schublade da liegt es, es werden so nach und nach fünfzig Taler geworden sein.«

Der Fleischermeister staunte, ließ sich aber den Ochsen gefallen und folgte der Frau in die Stube, auch die fünfzig Taler in die Tasche zu stecken. Wie sie in die Stube kamen, sagte die Frau: »Herr Winter, Ihr seid doch wirklich sehr lang. Ich bitte, stellt Euch einmal da an die Tür, damit ich Euch ordentlich messen kann.« Der große Fleischermeister stellte sich auch richtig an die Tür. Die Frau aber nahm etwas Kreide, stieg auf einen Stuhl und machte einen Strich über seinem Kopfe an die Wand. Dann klatschte sie in die Hände und sprach: »Es ist mir lieb, dass ich Euch gemessen habe. Es wird immer so viel vom langen Winter gesprochen, und wenn nun wieder auf den die Rede kommt, so kann ich doch auch mitsprechen und sagen: so und so lang ist er, o, den kenn' ich recht gut.«

Nun muss sich der lange Winter in den Lehnstuhl setzen, die Frau aber eilt in die Küche, knickt Holz und macht ihm einen Kaffee. Den trinken sie miteinander aus und die Frau ist sehr vergnügt, dass sie nun auch sagen kann, der lange Winter hat einmal bei ihr Kaffee getrunken. Darauf zählt sie ihm die fünfzig Taler vor, und die steckt er in die Tasche. Nun hilft sie ihm auch noch den Ochsen von der Krippe lösen und sieht dem langen Winter noch eine Zeit nach, wie er so wohlgemut mit ihrem Ochsen und ihrem Gelde dahin zieht. Bald darauf kam eine andere Frau zu ihr, der sollte sie etwas abkaufen. Da sagte sie ganz schnippisch: »Ich habe jetzt kein Geld. Wenn man Bekanntschaft hat mit dem langen Winter, wie mein Mann und ich, so kann man sein Geld besser gebrauchen.«

Das war nun alles recht gut. Als aber der kluge Mann nach Hause kam, und die Frau ihm mit der Botschaft entgegensprang, dass der lange Winter da gewesen sei, und dass sie ihm den Ochsen und das Geld geschenkt habe, da war er sehr unglücklich, denn er sah alle seine Hoffnungen, den Winter hindurch mit seiner Frau zu bestehen, auf einmal gescheitert. Er sagte zu ihr: »Von jetzt an sind wir geschieden, ich will nichts mehr mit dir zu schaffen haben und so lange gehen, bis ich einen dümmeren Menschen antreffe, als du bist. Hab' ich den gefunden, so komme ich wieder zu dir. Bis dahin aber leb' wohl.«

Er macht sich also wieder auf den Weg und geht eine ganze Strecke weit, findet aber nirgends einen dümmeren Menschen als seine Frau. Endlich blies der Wind schon ganz winterlich übers Stoppelfeld, und da kommt eine Frau Amtmannin auf einem Schimmel daher geritten. Da bleibt er stehen und sieht fortwährend gen Himmel. Nun ist eine Frau Amtmannin auch neugierig, so gut wie eine Tagelöhnerfrau, und will wissen, was in der Welt vorgeht. Darum hält die Dame ihren Schimmel an und fragt, was er denn da mache und warum er fortwährend gen Himmel sähe.

Er aber winkte ihr, sie solle nur ruhig sein, er sei soeben vom Himmel gefallen und müsse das Loch in Acht nehmen, wo er herausgefallen sei, damit er wieder hineinkönne, denn hier auf der Erde könne er doch nicht bleiben, das sei nichts für ihn, wer erst einmal im Himmel gewesen sei, dem komme es hier zu ledern vor.

Wie die Frau Amtmannin das hört, fragt sie sogleich, wenn er aus dem Himmel sei, ob er dann ihren Sohn nicht kenne, der vor zwei Jahren gestorben wäre. Ja, sagt er, den kenne er wohl, dem ginge es oben schlecht, denn weil er vom Lande sei und mit der Wirtschaft Bescheid wüsste, so müsse er oben Futter schneiden. Darüber fängt die Frau Amtmannin gewaltig an zu lamentieren, dass ein Amtmannssohn im Himmel Futter schneiden müsse. Sie sagt, das hätte sie nicht gedacht; ob sie ihrem Sohne denn wohl nicht mit etwas Geld unter die Arme greifen könne? Sie hätte hier einen Beutel mit tausend Talern, den sollte sie von ihrem Manne ihrem Stiefsohne bringen, der fortwährend in großer Geldverlegenheit sei; wenn sie aber wüsste, dass ihrem verstorbenen Sohne damit geholfen werden könne, so würde sie ihm auf der Stelle den Beutel mit in den Himmel schicken, denn er sei doch von ihrem eigenen Fleisch und Blut, und ihr Stiefsohn könne warten.

Der kluge Mann sagt, das Geld wolle er schon besorgen, er sähe ihren Sohn im Himmel alle Tage. Die Frau gibt ihm also den Beutel; er sagt, da er nun einmal auf der Erde sei, so wolle er doch hier auch seine Verwandten einmal besuchen. Das Loch im Himmel, woraus er gefallen sei, hätte er sich genau gemerkt, und darauf könne sie sich verlassen, morgen um diese Zeit habe ihr Sohn im Himmel schon das Geld in Händen. Und damit geht er seiner Wege. Die Frau aber reitet nach Hause und verkündigt ihrem Manne hocherfreut, dass sie Gelegenheit nach dem Himmel gefunden und ihrem rechten Sohne die tausend Taler mitgeschickt hat. Was will der Amtmann tun? Er besteigt sogleich den Schimmel, um den zu verfolgen, der seiner Frau die tausend Taler abgeschwatzt hat, und weil er ein sehr praktischer Mann gewesen ist und gern zwei Fliegen mit einer Klappe geschlagen hat, so steckt er von neuem tausend Taler ein, die will er bei der Gelegenheit seinem noch lebenden Sohne überbringen.

Wie der kluge Mann den Schimmel wieder ankommen sieht, versteckt er seinen Beutel mit den tausend Talern vor einer Hecke und geht ganz langsam. Als der Amtmann bei ihm ist, fragt er, ob er hier niemand so recht Gefährlichen habe laufen sehen, es habe hier einer seiner Frau tausend Taler abgenommen, der müsse hier wohl an ihm vorbeigerannt sein. O ja, sagt der kluge Mann, es sei jemand daher gerannt, als ob der Jäger hinter ihm wäre, und wie er den Schimmel gesehen, da sei er mit einem Satze durch die Dornenhecke dort gesprungen und dahinter müsse er sich wohl versteckt halten.

Da dankt ihm der Amtmann vielmals, dass er ihm so gute Auskunft gegeben hat, und sagt: »Jetzt will ich den Halunken schon fassen. Er steigt von seinen Schimmel herunter, bittet den klugen Mann, ihm den Schimmel ein wenig zu halten, und klemmt seinen dicken Amtmannsbauch mühsam durch die Dornenhecke hindurch. Wie er mit ganz zerfetztem Rocke endlich hindurch ist und auf jener Seite der Dornenhecke den Spitzbuben sucht, holt der kluge Mann den Beutel mit den tausend Talern wieder hervor, die er versteckt hat, und tut sie zu den neuen tausend Talern, die der Amtmann seinem Sohne hat bringen wollen und die er im Mantelsacke hat stecken lassen. Darauf besteigt er den Schimmel, jagt heim zu seiner Frau und verkündigt ihr, dass er einen Amtmann und eine Amtmännin gefunden hat, die noch dümmer seien als sie.

An dem Tage, wie er zurückkam, fiel der erste Schnee in diesem Jahre, und als nun der

rechte lange Winter kam, da fand er mehr als der unrechte Winter gefunden hatte, und der kluge Mann lebte an den langen Winterabenden recht vergnügt mit seiner dämlichen Frau. Der Amtmann aber, wie er an jenem Tage zu seiner Frau kam, sprach zu ihr: »Frau, nun hab' ich unserm Sohne die andern tausend Taler auch noch mitgegeben und auch den Schimmel, damit er doch oben auch reiten kann, wie die andern Engel, für welche er Futter schneiden muss.« Das war die Amtmännin gar wohl zufrieden, denn sie meinte, es schicke sich nicht für einen Engel, der ein Amtmannssohn sei, dass er im Himmel zu Fuß gehe.

Die Wichtelmänner

Es war ein Schuster ohne seine Schuld so arm geworden, dass ihm schließlich nichts mehr übrig blieb als Leder zu einem einzigen Paar Schuhe. Nun schnitt er am Abend die Schuhe zu, die wollte er am nächsten Morgen anfertigen; und weil er ein gutes Gewissen hatte, legte er sich ruhig zu Bett, befahl sich dem lieben Gott und schlief ein. Morgens, nachdem er sein Gebet verrichtet hatte und sich zur Arbeit hinsetzen wollte, standen die beiden Schuhe ganz fertig auf seinem Tisch. Er wunderte sich und wusste nicht, was er dazu sagen sollte. Er nahm die Schuhe in die Hand, um sie näher zu betrachten: Sie waren so sauber gearbeitet, dass kein Stich daran falsch war, so als wenn es ein Meisterstück sein sollte. Bald darauf trat auch schon ein Käufer ein, und weil ihm die Schuhe so gut gefielen, bezahlte er mehr als gewöhnlich dafür, und der Schuster konnte sich von dem Geld Leder für zwei Paar Schuhe erhandeln. Er schnitt sie abends zu und wollte den nächsten Morgen mit frischem Mut an die Arbeit gehen, aber er brauchte es nicht, denn als er aufstand, waren sie schon fertig, und es blieben auch nicht die Käufer aus, die ihm so viel Geld gaben, dass er Leder für vier Paar Schuhe einkaufen konnte. Er fand frühmorgens auch die vier Paar fertig; und so ging's immer fort, was er abends zuschnitt, das war am Morgen verarbeitet, also dass er bald wieder sein ehrliches Auskommen hatte und endlich ein wohlhabender Mann ward. Nun geschah es eines Abends nicht lange vor Weihnachten, als der Mann wieder zugeschnitten hatte, dass er vor dem Schlafengehen zu seiner Frau sprach: »Wie wär's, wenn wir diese Nacht aufblieben, um zu sehen, wer uns solche hilfreiche Hand leistet?« Die

Frau war zufrieden und steckte ein Licht an; darauf verbargen sie sich in den Stubenecken hinter den Kleidern, die da aufgehängt waren, und gaben acht.

Als es Mitternacht war, da kamen zwei kleine, niedliche nackte Männlein, setzten sich vor des Schusters Tisch, nahmen alle zugeschnittene Arbeit zu sich und fingen an, mit ihren Fingerlein so behänd und schnell zu stechen, zu nähen, zu klopfen, dass der Schuster vor Verwunderung die Augen nicht abwenden konnte. Sie ließen nicht nach, bis alles zu Ende gebracht war und fertig auf dem Tische stand, dann sprangen sie schnell fort.

Am andern Morgen sprach die Frau: »Die kleinen Männer haben uns reich gemacht, wir müssten uns doch dankbar dafür zeigen. Sie laufen so herum, haben nichts am Leib und müssen frieren. Weißt du was? Ich will Hemdlein, Rock, Wams und Höslein für sie nähen, auch jedem ein Paar Strümpfe stricken; mach du jedem ein Paar Schühlein dazu.« Der Mann sprach: »Das bin ich wohl zufrieden«, und abends, als sie alles fertig hatten, legten sie die Geschenke statt der zugeschnittenen Arbeit zusammen auf den Tisch und versteckten sich dann, um mit anzusehen, wie sich die Männlein dazu anstellen würden. Um Mitternacht kamen sie herangesprungen und wollten sich gleich an die Arbeit machen, als sie aber kein zugeschnittenes Leder, sondern die niedlichen Kleidungsstücke fanden, verwunderten sie sich erst, dann aber bezeigten sie eine gewaltige Freude. Mit der größten Geschwindigkeit zogen sie sich an, strichen die schönen Kleider am Leib und sangen:

»Sind wir nicht Knaben glatt und fein?
Was sollen wir länger Schuster sein!«

Dann hüpften und tanzten sie und sprangen über Stühle und Bänke. Endlich tanzten sie zur Türe hinaus. Von nun an kamen sie nicht wieder, dem Schuster aber ging es wohl, so lang er lebte, und es glückte ihm alles, was er unternahm.

Das Waldkind

Es war einmal eine arme Bauersfrau, die hatte sechs Kinder, der Mann aber war gestorben. Sie musste zusehen, wie sie allein die Kinder ernährte. Doch von dem kleinen Stück Acker, das sie ihr Eigen nannte, konnten sie nicht so viel ernten, dass sie ein Jahr satt zu essen hatten. So mussten sich die älteren Kinder bei den Bauern des Dorfes verdingen und schwere Arbeit leisten, die Kleinen aber halfen im Hause, soviel ihre Hände schaffen konnten. Dennoch waren sie alle lieb und gut zueinander, und wenn sie auch kaum satt wurden, so lachten sie doch viel und freuten sich des Lebens.

An Sommerabenden, wenn im Haus und auf dem Feld die Arbeit getan war, ging die Frau oftmals noch in den Wald, um Holz für den Winter zu suchen. Dann konnte es aber auch geschehen, dass sie sich auf einen Baumstumpf setzte, ihre abgearbeiteten Hände betrachtete und darüber nachsann, weshalb das Leid auf Erden so ungerecht verteilt sei. Niemals fand sie darauf eine Antwort.

Einmal, es war gerade kurz vor Weihnachten, saß sie wieder im Wald und sann. Da war es ihr, als hörte sie in der Nähe das leise Wimmern eines Kindes. Sie schaute sich um, entdeckte jedoch nichts. Nur das Wimmern blieb. Da begann sie im Gebüsch zu suchen, und wirklich fand sie in einem Stück Baumrinde ein kleines Menschlein liegen, das war so klein wie eine Hand, aber es war wunderhübsch. Als es die Frau sah, verstummte es und blickte sie mit tiefblauen Augen an.

»Ach«, dachte die Frau, »welch ein hübsches Kind. Sicher hat es Durst. Das trifft sich gut, ich hatte mir ein Fläschchen mit Milch gegen den Hunger mitgenommen. Die Milch wird dem Kind mehr nützen als mir, ich will sie ihm geben. Und mit meiner Schürze will ich es trocken legen.«

Sie nahm das kleine Wesen aus der Baumrinde, legte es trocken und gab ihm die Milch zu trinken. Dann hielt sie es solange auf ihrem Schoß, bis es eingeschlafen war. Hernach legte sie es sacht in die Baumrinde zurück und begann Holz zu sammeln. Doch entfernte sie sich nicht weit von der Baumrinde, weil sie in Sorge war, das Menschlein könnte wieder erwachen und von neuem zu schreien beginnen.

Da sah sie plötzlich, wie ein Waldweibchen durch das Moos eilte und bei der Baumrinde stehen blieb. Es nickte ein paar Mal mit dem Kopf, lachte vor sich hin und schaute sich um. Als es die Frau sah, kam es auf sie zu und sagte:

»Bauernblut, du bist gut, mach ich's quitt,
nimm zum Dank die Wiege mit.«

Dann eilte das Waldweibchen zur Baumrinde zurück, nahm das kleine Wesen heraus und lief mit ihm in den Wald.

Die Bauersfrau sammelte noch lange Holz. Als der Korb voll war, nahm sie die Baumrinde und legte sie obenauf. »Viel ist es ja nicht«, dachte sie, »aber zum Feueranzünden reicht es vielleicht.«

Doch als sie zu Hause das Holz ausschüttete, sah sie es glänzen, und es war aus der Baumrinde pures Gold geworden. Da freute sich die Frau, weckte ihre sechs Kinder, und erzählte ihnen die Geschichte von dem Waldweibchen.

Andern Tags kauften sie sich von dem Gold ein großes Stück Acker dazu, das sie fortan zusammen bestellten, und seitdem konnten sie sich Tag um Tag kugelrund essen.

Die Geschichte vom Tannenbäumchen

Tante Luise«, sagte am Abend Mathildchen, »was erzählst du uns denn heute für eine Geschichte? Weißt du denn noch etwas?«

»Ja, freilich weiß ich noch etwas, hört mir nur zu!« »Ach, Tante«, sagte das Mathildchen wieder, »es dauert doch gar zu lange, bis das Christkind kommt, ich kann es kaum mehr aushalten und werde ganz ungeduldig.«

»Ungeduldig!? Das musst du dir vergehen lassen.

Höre nur, wie geduldig das Tannenbäumchen war und wie es stille wartete, bis seine Zeit kam, denn die Geschichte, die ich heute erzähle, kommt in unserm Garten vor!«

Die Kinder stützen ihre kleinen, runden Ellenbogen auf der Tante Knie, und sie begann: »Es war einmal ein schöner, großer Garten, in dem standen eine Menge Bäume, welche alle die herrlichsten Früchte trugen. Auf dem einen wuchsen Kirschen, auf dem andern Birnen, auf dem dritten Äpfel und so fort, aber bei allen gab es etwas zu naschen vom Frühjahr bis zum Herbst, und die Kinder, die in dem Garten wohnten, hatten die Bäume sehr lieb.

Nun war es wieder einmal Frühling, und der Garten stand da in seinem schönsten Schmucke. Die Kirschbäume waren anzusehen, als wären sie mit Zucker bestreut, die Pfirsiche hatten rosenrote Blüten wie der Abendhimmel, und die Äpfelbäume waren mit weißen Röslein ganz überschüttet.

Da war kein Strauch und kein Bäumchen, wenn auch noch so klein, welches nicht eine Blütenflocke oder ein lichtes, saftgrünes Blättchen aufzuweisen hatte; und wenn dann die liebe Sonne so drüber hin schien, war der Garten gar lieblich anzusehen. Aber mitten drinnen in all der Pracht stand ein kleiner Baum, für den schien kein Frühling gekommen zu sein, denn starr und dunkelgrün streckten seine Nadeln sich hinaus, und auch nicht die kleinste weiße oder rote Blüte war daran zu sehen.

Das Bäumlein aber war trotz seiner Armut ganz zufrieden und beklagte sich nicht, und kam manchmal im Vorüberfliegen ein Vöglein seinem Wipfel nahe und ruhte sich darauf aus, so freute es sich wie die andern Bäume an dessen Gezwitscher und dachte nicht daran, wie unscheinbar es neben ihnen aussah.

Aber das ärgerte die schön geputzten Bäume, und ein hochmütiger Kirschbaum fing auf einmal an und sprach: »Es ist doch ein rechtes Glück, wenn man hübsch aussieht und auch zu etwas gut ist in der Welt! Was habe ich jetzt für feine, weiße Blüten, und wenn diese abgefallen sind, dann kommen die frischen grünen Blätter und zuletzt die prächtigen roten Kirschen, an denen die kleinen und großen Leute ihr Vergnügen haben. Ach, wie froh ich bin, dass ich nicht so ein einfältiger Tannenbaum geworden bin, wie derjenige hier neben mir, der doch zu nichts auf der Welt gut ist, als um uns den Platz zu versperren!«

»Du hast recht«, rief ein stattlicher Birnbaum, »dein Nachbar ist mehr als überflüssig im Vergleich mit uns. Von meinen saftigen Birnen will ich noch gar nicht reden, aber welchen prächtigen Schatten gebe ich in der Hitze den lieben Kindern, die sich auf der Bank unter meinem Blätterdache ausruhen. Nicht einmal vor der Sonne vermag der einfältige Tannenbaum zu schützen.«

»Ja, ja«, fing nun ein dicker Apfelbaum an, »mit uns kann sich der arme Tropf freilich nicht messen. Was mich aber am meisten verdrießt, ist, dass man die langen Zapfen, welche der Herbstwind von ihm herunterschüttelt, und die weder für Mensch noch Tier genießbar sind, Tannäpfel nennt, als ob sie auch nur die entfernteste Ähnlichkeit mit meinen schmackhaften Früchten hätten; es ist wirklich zu arg!«

Dabei schüttelte der alte Herr sein Haupt so gewaltig, dass dicke Blütenflocken zur Erde fielen und einzelne an den Nadeln des armen Tannenbäumchens hängen blieben.

»Seht, wie er sich jetzt auch noch mit fremden Federn schmückt!« schrie ein naseweiser junger Pflaumenbaum, »der Unverschämte, er glaubt, weil er spitze Nadeln habe, dürfe er uns allen trotzen!«

Und nun fingen alle Bäume zugleich an, auf die arme Tanne zu schelten, und lobten dabei unaufhörlich ihre eigenen Früchte sowie den Nutzen, den diese brächten. Selbst die Johannis- und Stachelbeerbüsche blieben nicht still, und niemand wollte dem bescheidenen Tannenbäumchen das mindeste Gut zuerkennen.

Drüben über dem Bach war ein Wald voll schöner Buchen und Eichen; auch diese fingen an mitzuspotten und sich hervorzutun. Eine dicke Buche überschrie zuletzt alle und rief: »Wenn wir auch keine so süßen Früchte tragen wie der liebe Kirschbaum und der vortreffliche Apfelbaum, so sind wir doch gleichfalls von dem allergrößten Nutzen. Im Sommer geben wir kühlen, prächtigen Schatten, und im Winter heizen wir die Zimmer ein, wenn es draußen stürmt und schneit, denn wir haben gutes, festes Holz, aber selbst das Holz der hässlichen Tanne ist elendes Zeug, macht schwarz und rußig und gibt keine Wärme. Nebenbei sind unsere kleinen Früchte auch gar nicht zu verachten; die Bucheckern glänzen zwar nicht durch äußere Schönheit, aber man presst gutes, fettes Öl daraus, in dem man Pfannkuchen und Krapfen backen kann, die sehr gut zu den gekochten Kirschen und Pflaumen schmecken!«

»Nun, bist du bald fertig?« fing eine Eiche neben ihr an, »du tust, als ob du der erste Baum im Walde wärest. Mich lasse reden. Ich bin die deutsche Eiche und ein poetischer Baum. Wo es irgendein Fest gibt, macht man aus meinen Blättern Kränze, ich komme in Millionen Gedichten vor, und mein Laub ist überall Vorbild für Stickereien in Gold, Seide und Perlen. Was nun den Nutzen betrifft, so ist der meinige ohne Widerrede der bedeutendste. Mit meinen Eicheln mästet man Schweine, und es gibt verständige Leute genug, die lieber ein gutes Stück Schweinebraten essen, als Kirschen und Birnen und wie all das süße, kraftlose Zeug heißt, mit dem ihr so gewaltig groß tut!« Nachdem die Eiche dies gesprochen hatte, fächelte sie sich mit ihren Zweigen, hob stolz den Wipfel empor und sah sich um, als wolle sie fragen: »Wagt es noch jemand etwas zu sagen?«

Wahrhaftig, die deutsche Eiche hatte mehr Mut als gewöhnlich ein deutscher Mensch. Die andern Bäume blieben auch ganz still, und keiner muckste, bis endlich eine schlanke, grüne Linde sich zu regen begann und leise säuselte: »Ei, ei, ihr lieben Freunde! Am Ende bin ich doch noch die wichtigste von euch allen, wenn meine Blüte auch sehr klein und unscheinbar und fast nur durch ihren süßen Duft bemerkbar ist. Aber man bereitet guten heilenden Tee daraus, und haben die kleinen Leute zuviel von dem guten Obst gegessen und davon Leibschneiden bekommen, und sind die großen zu lange unter den Buchen und Eichen herumgeschwärmt, so dass sie sich den Schnupfen geholt, dann muss sie dieser Trank gesund machen, damit sie wieder von vom anfangen können.«

Als die kluge Linde schwieg, nickten die andern Bäume und lachten, denn sie waren der schönen Linde alle gut, nur die Eiche brummte etwas in sich hinein von »dumm und albern«; aber sonst blieb alles ruhig.

Das arme Tannenbäumchen hatte die ganze Zeit über zitternd und schweigend dagestanden, doch nun suchte es die allgemeine Stille zu benutzen, um auch ein Wörtchen zu seiner Verteidigung zu sagen. Ganz leise und schüchtern fing es an: »Ach, ihr lieben Bäume, ich weiß wohl, dass ihr mich als den schlechtesten von euch allen betrachtet, aber so ganz nutzlos und überflüssig bin ich doch auch nicht, wenn ich auch weniger schön geschmückt bin als ihr. Aus meinem Holze kann man Häuser und Schiffe bauen, und mit den Tannenzapfen machen die Leute ihr Feuer an, auch –«

»Ha! ha! ha!« schallte es da aus allen Ecken und Enden, »ha, ha, ha! hört doch das dumme Ding; wenn es nur lieber ganz geschwiegen hätte! Mit Hobelspänen kann man auch Feuer anmachen, als ob das ein Verdienst wäre! Ha, ha, ha!«

Und die Bäume bogen und neigten sich und wollten sich halbtot lachen, und der dicke Apfelbaum verlor noch manche weiße Blüte in seiner großen Lustigkeit. Endlich ging die Sonne unter; die Vöglein suchten ihr grünes Quartier auf und wollten ihre Ruhe haben; so wurden die Schwätzer denn stiller und stiller, und als der silberne Mond langsam heraufstieg, lag alles im tiefsten Schweigen.

Nur ein Baum konnte nicht ruhen und schlafen, das war das Tannenbäumchen. Es war so betrübt, dass es gern bittre Tränen vergossen hätte, wenn es ein Mensch und kein Baum gewesen wäre. Ach, es konnte sich gar nicht zufrieden geben und wünschte sich auch weiche, flatternde Blätter und süße Früchte, damit es von niemand mehr verspottet werden dürfe. Wie es nun so dastand in seiner Betrübnis, ward es auf einmal vor ihm ganz helle und licht, und wie aus der Erde gewachsen schwebte über dem grünen Rasen ein wunderschöner Engel. Er hatte ein langes, schneeweißes Gewand, weiße Flügel an den Schultern, auf dem Kopfe trug er einen

Kranz von den schönsten Rosen, und darüber hing ein langer Schleier, der glänzte wie gesponnenes Silber.

Na, könnt ihr euch wohl denken, wer der schöne Engel gewesen? Natürlich war es niemand sonst als unser liebes Christkind, welches alles mitangehört und angesehen – wie es auch immer sieht, ob ein Kind lieb oder unartig ist. Das arme, bescheidne Tannenbäumchen tat ihm in tiefster Seele leid, und darum kam es jetzt zu ihm geflogen und sagte mit seiner süßen Stimme: »Tannenbäumchen, was fehlt dir denn?«

Aber das Bäumchen konnte nicht antworten, es war zu betrübt und auch zu erschreckt von dem hellen Glanz und Christkindchens Anblick; es schüttelte nur leise den Wipfel, da fuhr Christkindchen fort: »Tannenbäumchen, ich weiß es recht gut, was dir fehlt; die bösen Bäume hier haben dich ausgelacht, weil du nicht so schön bist wie sie. Aber warte nur, bald sollst du schöner sein als sie alle. Wenn der Winter kommt und Schnee und Eis auf der Erde liegt und all die Bäume hier kahl und entlaubt stehen, dann sollst du süßere und buntere Früchte tragen als Kirschen, Birnen und Äpfel, und die Kinder werden sich mehr über dich freuen und dich lieber haben als alle andern Bäume auf der Welt!«

Nachdem das Christkind dies gesagt, war es geradeso schnell wieder verschwunden als es gekommen, und nur der liebe, alte Mond warf noch silberne Strahlen auf die stille Welt.

So vergingen Sommer und Herbst, die Bäume hatten nach und nach alle ihre Früchte hergegeben, und der Winter kam mit raschen Schritten heran. Wohl hatten sie noch manchmal das Tannenbäumchen verspottet, aber es machte sich nichts mehr daraus und dachte immer nur an das, was Christkindlein ihm versprochen hatte. Bald war an dem Apfel- und Birnbaum kein Blättchen mehr zu sehen, die

Eiche und Buche streckten ihre nackten Arme zum Himmel empor und froren erbärmlich, aber es half nichts – es war eben Winter, und sie mussten sich von dem kalten Nordwind nach allen Seiten hin und her zausen lassen. Unser Tannenbäumchen hielt sich wacker, es blieb so grün und frisch wie im Sommer und wartete in Geduld, bis seine Zeit käme.

Auf einmal, in einer langen dunklen Nacht, da ward es wieder ganz hell und licht, und der schöne Engel stand wieder neben dem Bäumchen und sagte: »Ich bin da, um mein Wort zu halten. Nun sollst du einmal sehen!«

Neben dem Christkind im Schatten stand Nikolaus, der hielt seinen großen Sack mit beiden Händen auseinander, und Christkind griff hinein und wieder hinein und überschüttete das Bäumchen mit goldnen Nüssen und Äpfeln, mit köstlichem Zuckerwerk, mit Rosinen und Mandeln, mit funkelnden Perlen und silbernen Sternen, so dass es schöner und bunter glänzte und prangte als je ein Baum zuvor.

Dann steckte der Nikolaus brennende Kerzchen an die Zweige der Tanne, da leuchtete sie fast so helle wie die Sternlein an dem dunklen Nachthimmel über ihr. Wie nun alles fertig war, klingelte Christkind laut und lange mit seiner silbernen Schelle, dass alle Bäume und Sträucher ringsumher aufwachten, sich verwundert umsahen und nicht wussten, woher auf einmal all der Glanz und die Pracht kam.

»Seht hierher, ihr Necker und Spötter!« rief nun Christkind mit lauter Stimme, »der herrlich geschmückte Baum vor euch, das ist das Tannenbäumchen, welches ihr verspottet und gekränkt habt, und das nun schöner ist als je einer von euch gewesen. Jetzt nehme ich es mit mir, wohin ihr niemals kommt, in warme, geschmückte, helle Stuben und zu fröhlichen Menschen. Alt und jung wird sich an seinem Anblick erfreuen, und die Kinder werden es am liebsten von allen Bäumen haben!«

Damit nahm Christkindchen das Bäumchen in die Hand, breitete seine Flügel aus, und fort war es, ehe sich die erstaunten Bäume ein wenig von ihrer Verwunderung erholen konnten. Ganz verdutzt blickten sie dem hellen Streifen nach, bis er im Dunkel entschwand, und nickten dann verdrossen und kopfschüttelnd wieder ein.

Wohin aber Christkind das Tannenbäumchen trug, das brauche ich euch nicht zu sagen, das wissen alle artigen Kinder, die zu Weihnachten eins bekommen.

Nun esset ihr zwar sehr gern frische Kirschen und süße Birnen, gebratne Äpfel und Pflaumenmus; wenn ich euch aber jetzt frage, welcher Baum ist euch der liebste von allen, was werdet ihr sagen?«

Da rief Mathildchen jubelnd und alle Kinder rufen es mit ihm: »Das Tannenbäumchen! Das Tannenbäumchen!«

Sankt Nikolaus in Not

Es fielen noch ein paar mollige Flocken aus der wegziehenden Schneewolke, und da stand auf einmal auch schon der runde Mond leuchtend über dem weißen Turm.

Die beschneite Stadt wurde eine silberne Stadt.

Es war ein Abend von flaumweicher Stille und lilienreiner Friedsamkeit. Und wären die flimmernden Sterne hernieder gesunken, um als Heilige in goldenen Messgewändern durch die Straßen zu wandeln – niemand hätte sich gewundert.

Es war ein Abend, wie geschaffen für Wunder und Mirakel. Aber keiner sah die begnadete Schönheit des alten Städtchens unter dem mondbeschienenen Schnee.

Die Menschen schliefen.

Nur der Dichter Remoldus Keersmaeckers, der in allem das Schöne sah und darum lange Haare trug, saß noch bei Kerzenschein und Pfeifenrauch und reimte ein Gedicht auf die Götter des Olymps und die Herrlichkeit des griechischen Himmels, die er so innig auf Holzschnitten bewundert hatte.

Der Nachtwächter Dries Andijvel, der auf dem Turm die Wache hielt, huschte alle Viertelstunden hinaus, blies eilig drei Töne in die vier Windrichtungen, kroch dann zurück in die warme, holzgetäfelte Kammer zum bullernden Kanonenöfchen und las weiter in seinem Liederbüchlein: »Der flämische Barde, hundert Lieder für fünf Groschen«. War eins dabei, von dem er die Weise kannte, dann kratzte er die auf einer alten Geige und sang das Lied durch seinen weißen Bart, dass es bis hoch ins rabenschwarze Gerüst des

Turmes schallte. Ein kühles Gläschen Bier schmierte ihm jedes Mal zur Belohnung die Kehle.

Trinchen Mutser aus dem »Verzuckerten Nasenflügel« saß in der Küche und sah traurig durch das Kreuzfensterchen in ihren Laden.

Ihr Herz war in einen Dornbusch gefallen. Trinchen Mutsers Herz war ganz durchstochen und durchbohrt, nicht weil all ihr Zuckerzeug heut am Sankt-Nikolaus-Abend ausverkauft war – ach nein! weil das große Schokoladenschiff stehen geblieben war. Einen halben Meter war es hoch und so lang wie von hier bis dort! Wie wunderschön stand es da hinter den flaschengrünen Scheiben ihres Lädchens, lustig mit Silberpapier beklebt, verziert mit rosa Zuckerrosetten, mit Leiterchen aus weißem Zucker und mit Rauch in den Schornsteinen. Der Rauch war weiße Watte.

Das ganze Stück kostete soviel wie all die kleinen Leckereien, die Pfefferkuchenhähne mit einem Federchen am Hintern, die Knusperchen, die Schaumflocken, die Zuckerbohnen und die Schokoladenplätzchen zusammen. Und wenn das Stück, das Schiff aus Schokolade, das sich in rosa Zuckerbuchstaben als die »Kongo« auswies, nicht verkauft wurde, dann lag ihr ganzer Verdienst im Wasser, und sie verlor noch Geld obendrein.

Warum hat sie das auch kaufen müssen? Wo hat sie nur ihre Gedanken gehabt! So ein kostbares Stück für ihren bescheidenen kleinen Laden!

Wohl waren alle gekommen, um es sich anzusehen, Mütter und Kinder, sie hatte dadurch verkauft wie noch nie. Aber kein Mensch fragte nach dem Preis, und so blieb es stehen und rauchte immer noch seine weiße Watte, stumm wie ein toter Fisch.

Als Frau Doktor Vaes gekommen war, um Varenbergsche Hustenbonbons zu holen, da hatte Trinchen gesagt: »Sehen

Sie nur mal, Frau Doktor Vaes, was für ein schönes Schiff! Wenn ich Sie wäre, dann würde ich Ihren Kindern nichts anderes zum Sankt Nikolaus schenken als dieses Schiff. Sie werden selig sein, wie im Himmel.«

»Ach«, sagte Frau Vaes abwehrend, »Sankt Nikolaus ist ein armer Mann. Die Kinder werden schon viel zu sehr verwöhnt, und außerdem gehen die Geschäfte von dem Herrn Doktor viel zu schlecht. Wissen Sie wohl, Trinchen, dass es in diesem Winter fast keine Kranken gibt? Wenn das nicht besser wird, weiß ich gar nicht, was wir anfangen sollen.« Und sie kaufte zwei Pfefferkuchenhähne auf einem Stäbchen und ließ sich tagelang nicht mehr sehen.

Und heute war Nikolausabend; aller Kleinkram war verkauft, nur die »Kongo« stand noch da in ihrer braunen Kongofarbe und rauchte einsam und verlassen ihre weiße Watte. Zwanzig Franken Verlust! Der ganze Horizont war schwarz wie die »Kongo« selber. Vielleicht könnte man sie stückweise verkaufen oder verlosen? Ach nein, das brachte noch nicht fünf Franken ein, und sie konnte das Ding doch nicht auf die Kommode stellen neben die anderen Nippsachen.

Ihr Herz war in einen Dornbusch gefallen. Sie zündete eine Kerze an für den heiligen Antonius und eine für Sankt Nikolaus und betete einen Rosenkranz, auf dass der Himmel sich des Schiffes annehmen möge und Gnade tauen. Sie wartete und wartete. Die Stille wanderte auf und ab.

Um zehn Uhr machte sie die Fensterläden zu und konnte in ihrem Bett vor Kummer nicht schlafen.

Und es gab noch ein viertes Wesen in dem verschneiten Städtchen, das nicht schlief. Das war ein kleines Kind, Cäcilie; es hatte ein seidig blondes Lockenköpfchen und war so arm, dass es sich nie mit Seife waschen konnte, und ein Hemdchen trug es, das nur noch einen Ärmel hatte und am Saum ausgefranst war wie Eiszapfen an der Dachrinne.

Die kleine Cäcilie saß, während ihre Eltern oben schliefen, unter dem Kamin und wartete, bis Sankt Nikolaus das Schokoladenschiff von Trinchen Mutser durch den Schornstein herunterwerfen würde. Sie wusste, es würde ihr gebracht werden; sie hatte es jede Nacht geträumt, und nun saß sie da und wartete voller Zuversicht und Geduld darauf; und weil sie fürchtete, das Schiff könne beim Fallen kaputtgehen, hatte sie sich ihr Kopfkissen auf den Arm gelegt, damit es weich wie eine Feder darauf niedersinken könnte.

Und während nun die vier wachenden Menschen im Städtchen: der Dichter, der Turmwächter, Trinchen Mutser und Cäcilie, ein jedes mit seiner Freude, seinem Kummer oder seiner Sehnsucht beschäftigt, nichts sahen von der Nacht, die war wie ein Palast, öffnete sich der Mond wie ein runder Ofen mit silberner runder Tür, und es stürzte aus der Mondhöhle eine solche strahlende Klarheit hernieder, dass sie sich auch mit goldener Feder nicht beschreiben ließe.

Einen Augenblick lang fiel das echte Licht aus dem wirklichen Himmel auf die Erde. Das geschah, um Sankt Nikolaus auf seinem weißen, schwer beladenen Eselchen und den schwarzen Knecht Ruprecht durchzulassen.

Aber wie kamen sie nun auf die Erde? Ganz einfach. Das Eselchen stellte sich auf einen Mondstrahl, stemmte die Beine steif und glitschte nur so hinunter, wie auf einer schrägen Eisbahn. Und der schlaue Knecht Ruprecht fasste den Schwanz vom Eselchen und ließ sich ganz behaglich mitziehen, auf den Fersen hockend. So kamen sie ins Städtchen, mitten auf den beschneiten Großen Markt.

In Körben, die zu beiden Seiten des Eselchens hingen, dufteten die bunten Leckereien, die Knecht Ruprecht unter der Aufsicht von Sankt Nikolaus in der Konditorei des Himmels gebacken hatte. Und als man sah, dass es nicht reichte und der Zucker zu Ende ging, da hatte Knecht

Ruprecht sich in Zivil geworfen, um unerkannt in den Läden, auch bei Trinchen Mutser, Süßigkeiten zu kaufen, von dem Geld aus den Sankt-Nikolaus-Opferstöcken, die er alle Jahre einmal in den Kirchen ausleeren durfte. Mit all den Leckereien war er an einem Mondstrahl in den schönen Himmel hinaufgeklettert, und nun musste das alles verteilt werden an die kleinen Freunde von Sankt Nikolaus.

Sankt Nikolaus ritt durch die Straßen, und bei jedem Haus, in dem ein Kind wohnte, gab er je nach der Artigkeit des Kindes dem Knecht Ruprecht Leckereien, welche dieser, mit Katzengeschmeidigkeit an Regenkandeln und Dachrinnen entlang kletternd und über die Ziegel krabbelnd, zum Schornstein brachte; da ließ er sie dann vorsichtig hinunterfallen durch das kalte zugige Kaminloch, gerade auf einen Teller oder in einen Holzschuh hinein, ohne die zerbrechlichen Köstlichkeiten auch nur etwas zu bestoßen oder zu schrammen.

Knecht Ruprecht verstand sich auf seine Sache, und Sankt Nikolaus liebte ihn wie seinen Augapfel.

So bearbeiteten sie das ganze Städtchen, warfen herab, wo zu werfen war, sogar hier und da eine harte Rute für rechte Taugenichtse.

»Da wären wir bis zum nächsten Jahr wieder mal fertig«, sagte der Knecht Ruprecht, als er die leeren Körbe sah. Er steckte sich sein Pfeifchen an und stieß einen erleichterten Seufzer aus, weil die Arbeit nun getan war.

»Was?« fragte Sankt Nikolaus beunruhigt, »ist nichts mehr drin? Und die kleine Cäcilie? Die brave kleine Cäcilie? Schscht!«

Sankt Nikolaus sah auf einmal, dass sie vor Cäciliens Haus standen, und legte mahnend den Finger auf den Mund. Doch das Kind hatte die warme, brummende Stimme gehört wie Hummelgesumm, machte große Augen unter dem goldenen Lockenkopf, glitt ans Fenster, schob die Gardinchen weg und sah Sankt Nikolaus, den wirklichen Sankt Nikolaus.

Das Kind stand mit offenem Mund staunend da. Und während es sich gar nicht fassen konnte über den goldenen Bischofsmantel, der funkelte von bunten Edelsteinen wie ein Garten, über die Pracht der Mitra, worauf ein diamantenes Kreuz Licht in die Nacht hineinschnitt wie mit Messern, über den Reichtum der Ornamente am Krummstab, wo ein silberner Pelikan das Ruinenblut pickte für seine Jungen, während sie die feine Spitze besah, die über den purpurnen Mantel schleierte, während sie Gefallen fand an dem guten weißen Eselchen, und während sie lachen musste über die Grimassen von dem drolligen schwarzen Knecht, der die weißen Augen herumrollte, als ob sie lose wie Taubeneier in seinem Kopf lägen, während alledem hörte sie die zwei Männer also miteinander reden:

»Ist gar nichts mehr in den Körben, lieber Ruprecht?«

»Nein, heiliger Herr, so wenig wie in meinem Geldsäckel.«

»Sieh noch einmal gut nach, Ruprecht!«

»Ja, heiliger Herr, und wenn ich die Körbe auch ausquetsche, so kommt doch nicht so viel heraus wie eine Stecknadel.« Sankt Nikolaus strich kummervoll über seinen schneeweißen Lockenbart und zwinkerte mit seinen honiggelben Augen.

»Ach«, sagte der schwarze Knecht, »da ist nun doch nichts mehr zu machen, heiliger Herr. Schreib der kleinen Cäcilie, dass sie im kommenden Jahr doppelt und dreimal so viel kriegen soll.«

»Niemals! Ruprecht! Ich, der ich im Himmel wohnen darf, weil ich drei Kinder, die schon zerschnitten und eingepökelt waren, wieder zum Leben gebracht und ihrer Mutter zurückgegeben habe, ich sollte nun diese kleine Cäcilie, das bravste Kind der ganzen Welt, leer ausgehen lassen und ihm eine schlechte Meinung von mir beibringen? Nie, Ruprecht! Nie!«

Knecht Ruprecht rauchte heftig, das brachte auf gute Gedanken, und sagte plötzlich: »Aber, heiliger Herr, nun hört mal zu! Wir haben keine Zeit mehr, um noch einmal zum Himmel zurückzukehren, Ihr wisst, für Sankt Peter ist der Himmel kein Taubenschlag. Und außerdem, der Backofen ist kalt und der Zucker zu Ende. Und hier in der Stadt schläft alles, und es ist Euch sowohl wie mir verboten, Menschen zu wecken, und zudem sind auch alle Läden ausverkauft.«

Sankt Nikolaus strich nachdenklich über seine von vier Falten durchzogene Stirn, neben der schon Löckchen glänzten, denn sein Bart begann dicht unter dem Rande seines schönen Hutes.

Ich brauche euch nicht zu erzählen, wie Cäcilie langsam immer bekümmerter wurde von all den Worten. Das reiche Schiff sollte nicht bei ihr stranden! Und auf einmal schoss es leuchtend durch ihr Köpfchen. Sie machte die Tür auf und stand in ihrem zerschlissenen Hemdchen auf der Schwelle. Sankt Nikolaus und Knecht Ruprecht fuhren zusammen wie die Kaninchen. Doch Cäcilie schlug ehrerbietig ein Kreuz, stapfte mit ihren bloßen Füßchen in den Schnee und ging zu dem heiligen Kinderfreund. »Guten Tag, lieber Sankt Nikolaus«, stammelte das Kind. »Alles ist noch nicht ausverkauft … bei Trinchen Mutser steht noch ein großes Schokoladenschiff vom Kongo … wie sie die Läden vorgehängt hat, stand es noch da. Ich hab es gesehen!«

Von seinem Schreck sich erholend, rief Sankt Nikolaus erfreut: »Siehst du wohl, es ist noch nicht alles ausverkauft! Auf zu Trinchen Mutser! Zu Trinchen … aber ach!« … und seine Stimme zitterte verzweifelt, »wir dürfen niemand wecken.«

»Ich auch nicht, Sankt Nikolaus?« fragte das Kind. »Bravo!« rief der Heilige, »wir sind gerettet, kommt!« Und sie gingen mitten auf der Straße, die kleine Cäcilie mit ihren bloßen Füßen voran, gerade nach der Eierwaffelstraße, wo Trinchen Mutser wohnte. In der Süßrahmbutterstraße wurde ihr Blick auf ein erleuchtetes Fenster gelenkt. Auf dem heruntergelassenen Vorhang sahen sie den Schatten von einem dürren, langhaarigen Menschen, der mit einem Büchlein und einer Pfeife in der Hand große Gebärden machte, und sein Mund ging dabei auf und zu.

»Ein Dichter«, sagte Sankt Nikolaus und lächelte.

Sie kamen vor Trinchen Mutsers Haus. Im Mondlicht konnten sie gut das Aushängeschild erkennen: »Zum verzuckerten Nasenflügel«.

»Weck sie rasch auf«, sagte Sankt Nikolaus. Und das Kindchen lehnte sich mit dem Rücken an die Tür und klopfte mit der Ferse gegen das Holz. Aber das klang leise wie ein Samthämmerchen. »Stärker«, sagte der schwarze Knecht. »Wenn ich noch stärker klopfe, wird's noch weniger gehen, denn mein Fuß tut mir weh«, sagte das Kind. »Mit den Fäusten«, sagte Knecht Ruprecht. Doch die Fäustchen waren noch leiser als die Fersen.

»Wart, ich werd meinen Schuh ausziehen, dann kannst du damit klopfen«, sagte Knecht Ruprecht.

»Nein«, gebot Sankt Nikolaus, »kein Drehn und Deuteln! Gott ist heller um uns als dieser Mondschein und duldet keine Advokatenkniffe.« Und doch hätte der gute Mann sich gern einen Finger abgebissen, um Cäcilie befriedigen zu können.

»Ach! aber den Kerl mit den Affenhaaren auf dem Vorhang!« rief Knecht Ruprecht erfreut, »den darf ich rufen, der schläft nicht!«

»Der Dichter! der Dichter!« lachte Sankt Nikolaus. Und nun gingen sie alle drei schnell zu dem Dichter Remoldus Keersmaeckers.

Und kurzerhand machte Knecht Ruprecht kleine Schneebälle, die er ans Fenster warf. Der Schatten stand still, das Fenster ging auf, und das lange Gestell des Dichters, der Verse von den Göttern und Göttinnen des Olymps hersagte, wurde im Mondschein sichtbar und fragte von oben: »Welche Muse kommt, um mir Heldengesänge zu diktieren?«

»Du sollst Trinchen Mutser für uns wecken«, rief Sankt Nikolaus, und er erzählte seine Not.

»Ja, bist du denn der wirkliche Sankt Nikolaus?« fragte Remoldus.

»Der bin ich!« Und darauf kam der Dichter erfreut herunter, jätete allen Dialekt aus seiner Sprache, machte Verbeugungen und redete von Dante, Beatrice, Vondel, Milton und anderen Dichtergestalten, die er im Himmel glaubte. Dann stand er ihnen zu Diensten.

Sie kamen zu Trinchen Mutser, und der Dichter stampfte und rammelte mit so viel Temperament an der Tür, dass das Frauenzimmer holterdiepolter aus dem Bett stürmte und erschrocken das Fenster öffnete.

»Geht die Welt unter?«

»Wir kommen wegen dem großen Schokoladenschiff«, sagte Sankt Nikolaus, weiter konnte er ihr nichts erklären, denn sie war schon weg und kam wieder in ihrer lächerlichen Nachtkleidung, mit einem bloßen Fuß und einem Strumpf in der Hand, und machte die Tür auf.

Sie steckte die Lampe an und ging sofort hinter den Ladentisch, um zu bedienen. Sie dachte, es müsse der Bischof von Mecheln sein.

»Herr Bischof«, sagte sie stotternd, »hier ist das Schiff aus bester Schokolade, und es kostet fünfundzwanzig Franken.«

Der Preis war nur zwanzig Franken, aber ein Bischof kann ja gern fünf Franken mehr bezahlen.

Aber nun platzte die Bombe! Geld! Sankt Nikolaus hatte kein Geld, das hat man im Himmel nun einmal nicht nötig. Knecht Ruprecht hatte auch kein Geld, das Kind hatte nur ein zerschlissenes Hemdchen an, und der Dichter kaute an seinem langen Haupt- und Barthaar vor Hunger – er war vier Wochen Miete schuldig.

Niedergeschlagen sahen sie einander an.

»Es ist Gott zuliebe«, sagte Sankt Nikolaus. Gerne hätte er seine Mitra gegeben, aber alles das war ihm vom Himmel geliehen, und es wäre Heiligenschändung gewesen, es wegzugeben.

Trinchen Mutser rührte sich nicht und betrachtete sie finster. »Tu es dem Himmel zuliebe«, sagte Knecht Ruprecht. »Nächstes Jahr will ich auch deinen ganzen Laden aufkaufen.«

»Tu es aus lauter Poesie«, sagte der Dichter theatralisch. Aber Trinchen rührte sich nicht, sie fing an zu glauben, weil sie kein Geld hatten, dass es verkleidete Diebe seien. »Schert euch raus! Hilfe! Hilfe!« schrie sie auf einmal. »Schert euch raus! Heiliger Antonius und Sankt Nikolaus, steht mir bei!«

»Aber ich bin doch selbst Sankt Nikolaus«, sagte der Heilige.

»So siehst du aus! Du hast nicht mal einen roten Heller aufzuweisen!«

»Ach, das Geld, das alle Bruderliebe vergiftet!« seufzte Sankt Nikolaus.

»Das Geld, das die edle Poesie verpfuscht!« seufzte der Dichter Keersmaeckers.

»Und die armen Leute arm macht«, schoss es der kleinen Cäcilie durch den Kopf.

»Und ein Schornsteinfegerherz doch nicht weiß klopfen machen kann«, lachte Knecht Ruprecht. Und sie gingen hinaus.

In der Mondnacht, die still war von Frostesklarheit und Schnee, tönte das »Schlafet ruhig« hart und hell vom Turm.

»Noch einer, der nicht schläft«, rief Sankt Nikolaus erfreut, und sogleich steckte Knecht Ruprecht auch schon den Fuß zwischen die Tür, die Trinchen wütend zuschlagen wollte.

»Haltet ihr mir die Frau wach«, sagte der schwarze Knecht, »ich komme sofort zurück!« Und damit stieß er die Tür wieder auf, und zwar so heftig, dass Trinchen sich plötzlich in einem Korb voll Zwiebeln wiederfand.

Und während die andern aufs neue hineingingen, sprang Knecht Ruprecht auf das Eselchen, sauste wie ein Sensenstrich durch die Straßen, hielt vor dem Turm, kletterte an Zinnen, Vorsprüngen und Zierraten, Schiefern und Heiligenbildern den Turm hinauf bis zu Dries Andijvel, der gerade »Es wollt ein Jäger früh aufstehn« auf seiner Geige kratzte.

Der Mann ließ Geige und Lied fallen, aber Knecht Ruprecht erzählte ihm alles.

»Erst sehen und dann glauben!« sagte Dries. Knecht Ruprecht kriegte ihn am Ende doch noch mit hinunter, und zu zweit rasten sie auf dem Eselchen durch die Straßen nach dem »Verzuckerten Nasenflügel«.

Sankt Nikolaus fiel vor dem Nachtwächter auf die Knie und flehte ihn an, doch die fünfundzwanzig Franken zu bezahlen, dann solle ihm auch alles Glück der Welt werden.

Der Mann war gerührt und sagte zu dem ungläubigen, hartherzigen Trinchen: »Ich weiß nicht, ob er lügt, aber so sieht Sankt Nikolaus doch aus in den Bilderbüchern von unsern Kindern und im Kirchenfenster über dem Taufstein. Und wenn er's nun wirklich ist! Gib ihm doch das Schiff! Morgen werde ich dir's bezahlen! …«

Trinchen hatte großes Vertrauen zu dem Nachtwächter, der aus ihrer Nachbarschaft war. Und Sankt Nikolaus bekam das Schiff.

»Jetzt geh nur schnell nach Hause und leg dich schlafen«, sagte Sankt Nikolaus zu Cäcilie. »Wir bringen gleich das Schiff.«

Das Kind ging nach Hause, aber es schlief nicht, es saß am Kamin mit dem Kissen auf den Ärmchen und wartete auf das Niedersinken des Schiffes.

Der Mond sah gerade in das armselig-traurige Kämmerchen.

Ach, was sah Cäcilie da auf einmal!

Dort auf einem glitzernden Mondstrahl kletterte das Eselchen in die Höhe mit Sankt Nikolaus auf seinem Rücken, und Knecht Ruprecht hielt sich am Schwanz fest und ließ sich mitschleifen. Der Mond öffnete sich; ein sanftes, großes Licht fiel in funkelnden Regenbogenfarben über die beschneite Welt. Sankt Nikolaus grüßte die Erde, trat hinein, und wieder war da das gewöhnliche grüne Mondenlicht.

Die kleine Cäcilie wollte weinen. Knecht Ruprecht oder der gute Heilige hatten das Schiff nicht gebracht, es lag nicht auf dem Kissen.

Aber siehe! was für ein Glück, das Schiff, die »Kongo«, stand ja da, in der kalten Asche, ohne Delle, ohne Bruch, strahlend von Silber, und rauchte für mindestens zwei Groschen weiße Watte aus beiden Schornsteinen! Wie war das möglich? Wie konnte das so in aller Stille geschehen? …

Ja, das weiß nun niemand, das ist die Findigkeit und die große Geschicklichkeit vom Knecht Ruprecht, und die gibt er niemand preis.

Das Weihnachtsgeschenk

Wenn man von Budissin nach Görlitz geht, erblickt man unweit des Pfarrdorfes Krischa linker Hand einen mit Nadel- und Laubholz bepflanzten Platz, auf dem vor ungefähr 100 Jahren noch eine Betsäule stand, die eine nicht mehr lesbare Inschrift trug. Der Ursprung derselben wird aber also erzählt.

Es soll einst am heiligen Christabend ein armer Bürger aus Budissin nach Görlitz gegangen sein, um dort einiges Geld für von ihm dorthin gelieferte Arbeit zu holen. Allein wie ward ihm, als er dasselbe nicht erhielt, und dadurch seine Hoffnung, für seine sechs kleinen Kinder einige Christstollen zu kaufen, in den Born fiel. Traurig und mit banger Sorge vor dem kommenden Winter kehrte er in später Abendstunde in seine Vaterstadt zurück, da sah er, dass das rechts bei Krischa liegende Gebüsch mit einer Unzahl heller Lichter erleuchtet war. Er begriff allerdings nicht, was dies sein könne, allein er fasste sich ein Herz und ging mutig auf das Gebüsch los, um zu sehen, was die Lichter zu bedeuten hätten. Da trat ihm am Eingange desselben ein kleines kaum vier Spannen hohes Männchen entgegen, grüßte ihn und rief ihm zu, er möge nur näher kommen, es sei ihm heute eine große Freude beschert. Der arme Mann ließ sich dies auch nicht zweimal sagen, er trat unter die Bäume, und sah die kleinen Fichten ganz wie die Lichterbäume in der Stadt mit Äpfeln, Nüssen, Mandeln, Zuckerwerk und Honigkuchen behangen. Das Männchen lud ihn nun ein, sich davon so viel zu nehmen, als er wolle, um seinen Leuten zu Hause eine Weihnachtsfreude zu bereiten, und so füllte er sich denn den Sack, den er zum

Tragen der Stollen bestimmt gehabt hatte, mit diesen wunderlichen Weihnachtsgaben an und machte sich auf den Weg nach seiner Heimat, nachdem er noch ausdrücklich die Lichter an den Bäumen hatte auslöschen sehen. Je näher er aber der Stadt kam, desto schwerer ward sein Sack, und kaum vermochte er sein Haus zu erreichen, doch hütete er sich wohl, etwas aus jenem wegzuschütten, um sich seine Bürde zu erleichtern. An der Türe kamen ihm schon seine Kleinen entgegen, welche lange schon auf ihn gelauert hatten, weil sie wussten, dass er ihnen einen heiligen Christ hatte mitbringen wollen, schnell warf er nun den Sack von den müden Schultern, allein wie ward ihm, als beim Öffnen, statt der Äpfel, Nüsse etc., die er darin zu finden gedachte, eine Masse alter Goldmünzen herauskollerten.

Damit war aber aller ihrer Not ein Ende gemacht, nun konnte er seinen Kindern nicht bloß Christstollen, sondern überhaupt Alles kaufen, was sich sein Herz wünschte. Er wendete aber das Geschenk des kleinen Männchens wohl an, er errichtete zur Erinnerung an jene himmlische Weihnachtsbescherung an jener Stelle eine Betsäule, trieb sein Handwerk – er war ein Strumpfwirker – dermaßen ins Große, dass dasselbe überhaupt in seiner Vaterstadt gehörig in Schwung kam, und ward der Ahnherr einer der angesehensten und wohlhabendsten Familien der Stadt.

Weihnachtsmärchen

Das Weihnachtsfest war nahe herangekommen und aus dem Walde gingen viele Tannen in die Hauptstadt des Landes bei dem schlechten Wege immer durch Dick und Dünn. Wenn jemand sie fragte: »Wo wollt ihr Tannen denn hin?«, so antworteten sie: »Wir wollen in die Stadt und den Herrn Christ loben.«

Ein ganz kleines Tannenbäumchen, das im Walde neben seiner Mutter stand, lief immer hinter seiner Mutter her, als diese sich auch nach der Hauptstadt aufmachte, und folgte ihr immer nach, wie ein Füllen der Stute, oder ein junges Hirschkalb der Hindin (Hirschkuh).

Als die Tannen des Abends im Dunkeln in der Hauptstadt angekommen waren, lagerten sie sich alle unter die Fenster des alten steinernen Schlosses, das sie von einer Seite her vor Wind und Wetter schützen sollte, und es war schön anzusehen, wie die vielen grünen Tannen da beieinander lagen. Das kleine Tannenbäumchen aber, das sich neben seine Mutter gelegt hatte, fror gar sehr. Da kam der Wind und legte den Saum seines schneeweißen Mantels erst zu den Füßen der Tannen hin und breitete ihn dann ganz über sie aus. Den andern Morgen aber kam ein Sonnenstrahl und deckte den schneeweißen Mantel wieder ab. Da rieb sich das kleine Tannenbäumchen vergnügt die Augen und sah verwundert die große, schöne Stadt.

Aber bald wurde seine Freude getrübt, denn es kam ein Herr, der hieß sein Mütterlein mitgehen in sein Haus, das kleine Tannenbäumchen aber musste zurückbleiben, denn es war zum Weihnachtsbaume noch viel zu jung und zu klein.

Als nun der Weihnachtsmorgen kam, da ging das kleine Tannenbäumchen ganz einsam in den nassen Straßen der Hauptstadt umher und weinte. Da sah es aber sein Mütterlein in einem großen, schönen Saale stehen. Es hatte viele Lichter in der Hand, die glänzten gar herrlich, und das Mütterlein war anzusehen wie ein schöner Engel.

Da freute sich das kleine Tannenbäumchen sehr und ging getrost weiter.

Es stand aber in einem Hause eine kleine Puppe am Fenster, wie es eben Tag wurde. Die winkte dem kleinen Tannenbäumchen, dass es zu ihr herauf käme, und fragte: »Wie heißt du, kleine Tanne?«

»Ich heiße Waldgrüne«, antwortete das Tannenbäumchen. »Und wie heißt du?«

»Ich heiße Kindchen-küss-mich«, antwortete die Puppe.

Da wurden die Puppe und das Tannenbäumchen gute Freunde und blieben lange, lange Zeit beisammen.

Die kleine Tanne aber wuchs sehr schnell heran, da sagte Kindchen-küss-mich endlich zu ihr: »Du bist so ein langaufgeschossenes Ding geworden, dass ich mich schäme noch mit dir über die Straße zu gehen; auch ist dir dein Röckchen aus grünen Zweigen viel zu kurz, es reicht dir ja noch lange nicht einmal bis ans Knie, so sehr hast du es verwachsen! Mir wäre das zwar einerlei, aber den Menschen fällt es doch sehr auf. Deswegen wäre das Beste, du gingest wieder zurück in den Wald.«

Da ging die Tanne wieder in den Wald. Dort aber war ihr Röcklein nicht zu kurz, sondern es war große Freude bei den andern Tannen, dass Waldgrüne wieder zugegen war.

Das Geschenk der Weisen

Ein Dollar und siebenundachtzig Cent. Das war alles. Und sechzig Cent davon in Pennies. Stück für Stück ersparte Pennies, wenn man hin und wieder den Kaufmann, Gemüsemann oder Fleischer beschwatzt hatte, bis einem die Wangen brannten im stillen Vorwurf der Knauserei, die solch ein Herumfeilschen mit sich brachte. Dreimal zählte Della nach. Ein Dollar und siebenundachtzig Cent. Und morgen war Weihnachten.

Da blieb einem nichts anderes, als sich auf die schäbige kleine Chaise zu werfen und zu heulen. Das tat Della. Was zu der moralischen Betrachtung reizt, das Leben bestehe aus Schluchzen, Schniefen und Lächeln, vor allem aus Schniefen.

Während die Dame des Hauses allmählich von dem ersten Zustand in den zweiten übergeht, werfen wir einmal einen Blick auf das Heim. Eine möblierte Wohnung für acht Dollar die Woche. Sie war nicht gerade bettelhaft zu nennen; höchstens für jene Polizisten, die speziell auf Bettler gehetzt wurden.

Unten im Hausflur war ein Briefkasten, in den nie ein Brief fiel, und ein Klingelknopf, dem keines Sterblichen Finger je ein Klingelzeichen entlocken konnte. Dazu gehörte auch eine Karte, die den Namen »Mr. James Dillingham jr.« trug. Das »Dillingham« war in einer früheren Zeit der Wohlhabenheit, als der Eigentümer dreißig Dollar die Woche verdiente, hingepfeffert worden. Jetzt, da das Einkommen auf zwanzig Dollar zusammengeschrumpft war, wirkten die Buchstaben des »Dillingham« verschwommen, als trügen sie sich allen Ernstes mit dem

Gedanken, sich zu einem bescheidenen und anspruchslosen »D« zusammenzuziehen. Aber wenn Mr. James Dillingham jr. nach Hause und oben in seine Wohnung kam, wurde er »Jim« gerufen und von Mrs. James Dillingham jr., die bereits als Della vorgestellt wurde, herzlich umarmt. Was alles sehr schön ist.

Della hörte auf zu weinen und fuhr mit der Puderquaste über ihre Wangen. Sie stand am Fenster und blickte trübselig hinaus auf eine graue Katze, die auf einem grauen Zaun in einem grauen Hinterhof spazierte. Morgen war Weihnachten, und sie hatte nur einen Dollar siebenundachtzig, um für Jim ein Geschenk zu kaufen. Monatelang hatte sie jeden Penny gespart, wo sie nur konnte, und dies war das Resultat. Zwanzig Dollar die Woche reichen nicht weit. Die Ausgaben waren größer gewesen, als sie gerechnet hatte. Das ist immer so. Nur einen Dollar siebenundachtzig, um für Jim ein Geschenk zu kaufen. Für ihren Jim. So manche glückliche Stunde hatte sie damit verbracht, sich etwas Hübsches für ihn auszudenken. Etwas Schönes, Seltenes, Gediegenes – etwas, was annähernd der Ehre würdig war, Jim zu gehören. Zwischen den Fenstern stand ein schmaler, hoher Spiegel. Vielleicht haben Sie schon einmal solch einen Spiegel in einer möblierten Wohnung zu acht Dollar gesehen. Ein sehr dünner und beweglicher Mensch kann, indem er sein Spiegelbild in einer raschen Folge von Längsstreifen betrachtet, eine ziemlich genaue Vorstellung von seinem Aussehen erhalten. Della war eine schlanke Person und beherrschte diese Kunst.

Plötzlich wirbelte sie von dem Fenster fort und stand vor dem Spiegel. Ihre Augen glänzten und funkelten, aber ihr Gesicht hatte in zwanzig Sekunden die Farbe verloren. Flink löste sie ihr Haar und ließ es in voller Länge herabfallen.

Zwei Dinge besaßen die James Dillinghams jr., auf die sie beide unheimlich stolz waren. Das eine war Jims goldene Uhr, die seinem Vater und davor seinem Großvater gehört hatte. Das andere war Dellas Haar. Hätte die Königin von Saba in der Wohnung jenseits des Luftschachts gelebt, dann hätte Della eines Tages ihr Haar zum Trocknen aus dem Fenster gehängt, um Ihrer Majestät Juwelen und Vorzüge im Wert herabzusetzen. Wäre König Salomo der Portier gewesen und hätte all seine Schätze im Erdgeschoss aufgehäuft, Jim hätte jedes Mal seine Uhr gezückt, wenn er vorbeigegangen wäre, bloß um zu sehen, wie sich der andere vor Neid den Bart raufte.

Jetzt floss also Dellas Haar wellig und glänzend an ihr herab wie ein brauner Wasserfall. Es reichte bis unter die Kniekehlen und umhüllte sie wie ein Gewand. Nervös und hastig steckte sie es wieder auf. Einen Augenblick taumelte sie und stand ganz still, während ein paar Tränen auf den abgetretenen Teppich fielen.

Die alte braune Jacke angezogen, den alten braunen Hut aufgesetzt, und mit wehenden Röcken und immer noch das helle Funkeln in den Augen, schoss sie zur Tür hinaus und lief die Treppe hinab auf die Straße.

Wo sie stehen blieb, lautete das Firmenschild *Mme. Sofronie. Alle Sorten Haarersatz.* Della rannte die Treppe hinauf und versuchte atemschöpfend, sich zu sammeln. Madame, groß, zu weiß und frostig, sah kaum nach »Sofronie« aus.

»Wollen Sie mein Haar kaufen?« fragte Della.

»Ich kaufe Haare«, sagte Madame. »Nehmen Sie den Hut ab, damit wir es einmal ansehen können.«

Der braune Wasserfall stürzte in Wellen herab. »Zwanzig Dollar«, sagte Madame, mit kundiger Hand die Masse anhebend.

»Geben Sie nur schnell her«, sagte Della.

Oh, und die nächsten beiden Stunden trippelten auf rosigen Schwingen. Sie durchwühlte die Läden nach dem Geschenk für Jim.

Schließlich fand sie es. Bestimmt war es für Jim und für niemand sonst gemacht. Keins gab es in den Läden, das diesem glich, und sie hatte in allen das Oberste zuunterst gekehrt. Es war eine Uhrkette aus Platin, einfach und edel im Dessin, die ihren Wert auf angemessene Weise durch das Material und nicht durch eine auf den Schein berechnete Verzierung offenbarte – wie es bei allen guten Dingen sein sollte. Sie war sogar *der Uhr* würdig. Kaum hatte sie die Kette erblickt, als sie auch schon wusste, dass sie Jim gehören müsse. Sie war wie er. Überlegene Ruhe und Wert – das passte auf beide. Einundzwanzig Dollar nahm man ihr dafür ab, und mit den siebenundachtzig Cent eilte sie nach Hause. Mit dieser Kette an der Uhr konnte Jim wirklich in jeder Gesellschaft um die Zeit besorgt sein. So großartig die Uhr war, manchmal blickte er wegen des alten Lederriemchens, das er an Stelle einer Kette benutzte, nur verstohlen nach ihr.

Als Della zu Hause angelangt war, wich ihr Rausch ein wenig der Vorsicht und der Vernunft. Sie holte ihre Brennschere heraus, zündete das Gas an und machte sich ans Werk, die Verheerungen auszubessern, die von Freigebigkeit in Verein mit Liebe angerichtet worden waren. Was stets eine gewaltige Aufgabe ist, liebe Freunde – eine Mammutaufgabe.

Nach vierzig Minuten war ihr Kopf dicht mit kleinen Löckchen bedeckt, mit denen sie wundervoll aussah, wie ein schwänzender Schuljunge. Lange, sorgfältig und kritisch betrachtete sie ihr Spiegelbild.

»Wenn mich Jim nicht umbringt, bevor er mich ein zweites Mal ansieht, wird er sagen, ich sehe aus wie ein

Chormädel von Coney Island«, meinte sie bei sich. »Aber was – oh, was hätte ich denn mit einem Dollar siebenundachtzig anfangen sollen?«

Um sieben war der Kaffee gekocht, und die Bratpfanne stand hinten auf der Kochmaschine, heiß und bereit, die Kotelette zu braten. Jim verspätete sich nie. Della ließ die Uhrkette in ihrer Hand verschwinden und setzte sich auf die Tischkante nahe der Tür, durch die er immer eintrat.

Dann hörte sie einen Schritt auf der Treppe, unten, auf den ersten Stufen, und wurde einen Augenblick blass. Sie hatte sich angewöhnt, wegen der einfachsten Alltäglichkeiten stille kleine Gebete zu murmeln, und jetzt flüsterte sie: »Bitte, lieber Gott, mach, dass er mich noch hübsch findet.«

Die Tür öffnete sich, Jim trat ein und schloss sie. Er sah mager und sehr feierlich aus. Armer Junge, er war erst zweiundzwanzig – und schon mit Familie belastet! Er brauchte einen neuen Mantel und hatte auch keine Handschuhe.

Jim blieb an der Tür stehen, reglos wie ein Vorstehhund, der eine Wachtel ausgemacht hat. Seine Augen waren auf Della geheftet, und ein Ausdruck lag in ihnen, den sie nicht zu deuten vermochte und der sie erschreckte. Es war weder Ärger noch Verwunderung, weder Missbilligung noch Abneigung noch überhaupt eines der Gefühle, auf die sie sich gefasst gemacht hatte. Er starrte sie nur unverwandt an mit diesem eigentümlichen Gesichtsausdruck.

Della rutschte langsam vom Tisch und ging zu ihm. »Jim, Liebster«, rief sie, »sieh mich nicht so an. Ich hab mein Haar abschneiden lassen und verkauft, weil ich Weihnachten ohne ein Geschenk für dich nicht überlebt hätte. Es wird wieder wachsen – du nimmst es nicht tragisch, nicht wahr? Ich musste es einfach tun. Mein Haar wächst unheimlich schnell. Sag mir fröhliche Weihnachten, Jim, und lass uns glücklich sein. Du ahnst nicht, was für ein hübsches, wunderschönes Geschenk ich für dich bekommen habe.«

»Du hast dein Haar abgeschnitten?« fragte Jim mühsam, als könne er selbst nach schwerster geistiger Arbeit nicht an den Punkt gelangen, diese offenkundige Tatsache zu begreifen.

»Abgeschnitten und verkauft«, sagte Della. »Hast du mich jetzt nicht noch ebenso lieb? Ich bin auch ohne mein Haar noch dieselbe, nicht wahr?«

Jim blickte neugierig im Zimmer umher.

»Du sagst, dein Haar ist weg?« bemerkte er mit nahezu idiotischem Gesichtsausdruck.

»Du brauchst nicht danach zu suchen«, sagte Della. »Ich sag' dir doch, es ist verkauft – verkauft und weg. Heute ist Heiligabend, Jungchen. Sei nett zu mir, denn es ist ja für dich weg. Vielleicht waren die Haare auf meinem Kopf gezählt«, fuhr sie mit einer jähen, feierlichen Zärtlichkeit fort, »aber nie könnte jemand meine Liebe zu dir zählen. Soll ich die Kotelette aufsetzen, Jim?«

Jim schien im Nu aus seiner Starrheit zu erwachen.

Er umarmte seine Della. Wir wollen inzwischen mit diskreten Forscherblicken zehn Sekunden lang eine an sich unwichtige Sache in anderer Richtung betrachten. Acht Dollar die Woche oder eine Million im Jahr – was ist der Unterschied? Ein Mathematiker oder ein Witzbold würden uns eine falsche Antwort geben. Die Weisen brachten wertvolle Geschenke, aber dies war nicht darunter. Diese dunkle Behauptung soll später erläutert werden.

Jim zog ein Päckchen aus der Manteltasche und warf es auf den Tisch.

»Täusch dich nicht über mich, Dell«, sagte er. »Du darfst nicht glauben, dass so etwas wie Haar schneiden oder stutzen oder waschen mich dahin bringen könnte, mein

Mädchen weniger lieb zu haben. Aber wenn du das Päckchen auspackst, wirst du sehen, warum du mich zuerst eine Weile aus der Fassung gebracht hast.«

Weiße Finger rissen hurtig an der Strippe und am Papier. Und dann ein verzückter Freudenschrei, und dann – ach! ein schnelles weibliches Hinüberwechseln zu hysterischen Tränen und Klagen, die dem Herrn des Hauses den umgehenden Einsatz aller Trostmöglichkeiten abforderten. Denn da lagen *die Kämme* – die Garnitur Kämme, die Della seit langem in einem Broadway-Schaufenster angeschmachtet hatte. Wunderschöne Kämme, echt Schildpatt mit juwelenverzierten Rändern – gerade in der Schattierung, die zu dem schönen, verschwundenen Haar gepasst hätte. Es waren teure Kämme, das wusste sie, und ihr Herz hatte nach ihnen gebettelt und gebarmt, ohne die leiseste Hoffnung, sie je zu besitzen. Und nun waren sie ihr eigen; aber die Flechten, die der ersehnte Schmuck hätte zieren sollen, waren fort. Doch sie presste sie zärtlich an die Brust und war schließlich so weit, dass sie mit schwimmenden Augen und einem Lächeln aufblicken und sagen konnte: »Mein Haar wächst so schnell, Jim!«

Und dann sprang Della auf wie ein gebranntes Kätzchen und rief: »Oh, oh!«

Jim hatte ja noch nicht sein schönes Geschenk gesehen. Ungestüm hielt sie es ihm auf der geöffneten Hand entgegen. Das leblose, kostbare Metall schien im Abglanz ihres strahlenden, brennenden Eifers zu blitzen.

»Ist die nicht toll, Jim? Die ganze Stadt hab' ich danach abgejagt. Jetzt musst du hundertmal am Tag nachsehen, wie spät es ist. Gib mir die Uhr. Ich möchte sehen, wie sich die Kette dazu macht.«

Statt zu gehorchen, ließ er sich auf die Chaiselongue fallen, legte die Hände im Nacken zusammen und lächelte.

»Dell«, sagte er, »wir wollen unsere Weihnachtsgeschenke beiseite legen und eine Weile aufheben. Sie sind zu hübsch, um sie jetzt schon in Gebrauch zu nehmen. Ich habe die Uhr verkauft, um das Geld für die Kämme zu haben. Wie wäre es, wenn du die Kotelette braten würdest?«

Die Weisen waren, wie ihr wisst, weise Männer – wunderbar weise Männer –, die dem Kind in der Krippe Geschenke brachten. Sie haben die Kunst erfunden, Weihnachtsgeschenke zu machen. Da sie weise waren, waren natürlich auch ihre Geschenke weise und hatten vielleicht den Vorzug, umgetauscht werden zu können, falls es Dubletten gab. Und hier habe ich euch nun schlecht und recht die ereignislose Geschichte von zwei törichten Kindern in einer möblierten Wohnung erzählt, die höchst unweise die größten Schätze ihres Hauses füreinander opferten. Doch mit einem letzten Wort sei den heutigen Weisen gesagt, dass diese beiden die weisesten aller Schenkenden waren. Von allen, die Geschenke geben und empfangen, sind sie die weisesten. Überall sind sie die weisesten. Sie sind die wahren Weisen.

Die Trolle und der Wichteljunge

Auf dem Speicher des kleinen Bauernhofes unterhalb des Waldrandes wohnten drei kleine Wichtelmännchen: Tjarfa, Torgus und Tjovik. Sie waren kaum einen halben Meter groß und gehörten einem alten Wichtelgeschlecht an, das über neunhundert Jahre lang auf dem Hof gewohnt hatte. Das Anwesen war in dieser langen Zeit oft in andere Hände übergegangen. Aber die Wichtelfamilie blieb dem Hof treu, wie oft auch die Geschlechter und Generationen wechselten. Die Würde eines Wichtels des Bauerngutes vererbte sich vom Vater auf den Sohn.

Am heutigen Abend gab es einen großen Festschmaus auf dem Speicher, denn man feierte gleich zwei Feste: erstens war dies die Heilige Nacht und außerdem der fünfhundertste Geburtstag des Wichtelgroßvaters, Tjarfa Jovikson. Der Alte war trotz seiner vielen Jahre noch gesund und emsig, doch hatte er die Macht des Hausherrn vor kurzem seinem Sohn Torgus Tjarfason übergeben, einem Dreihundertjährigen im Vollbesitz seiner Kräfte. Der Großvater verbrachte nun seine Tage auf dem Altenteil zwischen ein paar Milchtonnen in einer Ecke des Speichers.

Das jüngste Wichtelmännchen, Tjovik Torgusson, ein Knirps von hundert Jahren, trug noch keinen Bart und reichte dem Vater kaum bis zur Schulter.

Der kleine Bauernhof lag wunderbar eingebettet zwischen schmalen Wiesenflächen und Hügeln mit Laubbäumen. Auf der einen Seite breiteten sich Äcker aus, auf der anderen zog sich dichter dunkler Wald hin.

Ein Stück weiter im Waldesinnern lag der steile und schroffe Fuchshallenberg. Dort wohnte Jompa, der Trollkönig des Berges, mit Skimpa, seiner Frau. Sie waren viertausend Jahre alt und ins Land gekommen, lange bevor sich Menschen hier ansiedelten.

Zwischen den Wichteln und den Trollen herrschte seit eh und je eine bittere Feindschaft. Die Trolle waren groß, stark, dumm und böse, die Wichtel dagegen klein wie Puppen, aber lieb und verständig. Die Trolle wollten den Menschen auf dem Hof nur Schaden zufügen, was wiederum die Wichtel zu verhindern versuchten. Deshalb gab es immer Reibereien zwischen den beiden Gruppen. Manchmal behielten die Wichtelmänner die Oberhand, manchmal die Trolle. Wie sollte es auch anders sein, wenn körperliche Kraft und Klugheit aufeinander trafen.

Jetzt also schmauste man fröhlich auf dem Speicher. Wichtel von nah und fern waren eingeladen. Man hatte alle möglichen Leckereien herbei geschafft. Es gab Äpfel und Würzbrot, Schinken und Wurst. Der Tisch war eine auf den Kopf gestellte Zuckerkiste. Die Menschen auf dem Hof wussten sehr wohl, dass die Wichtel mit allem sehr behutsam umgingen und nicht ein Körnchen unnötig wegwarfen.

»Großvater, jetzt musst du Geschichten von Skimpa und Jompa erzählen«, bat Tjovik, kroch dabei auf den Schoß des Alten und strich ihm über den langen weißen Bart.

»Jawohl, mein Kleiner«, entgegnete der Alte erfreut. »Wenn du schön still sitzt, sollst du Geschichten aus uralten Zeiten hören.«

Alle Wichtelmännchen rückten auf ihren Plätzen gemütlich zusammen. Manche legten sich auf den Boden und stützten ihr Kinn in die Hand, andere saßen auf alten Sardinenbüchsen und schlenkerten mit den Beinen.

»Also«, begann der alte Tjarfa, »vor achthundert Jahren, als mein Großvater in der Blüte seines Lebens stand, ging es auf dem Fuchshallenberg recht lebhaft zu. Das war zu der Zeit, als hier im Land das Christentum eingeführt und dort unten in der Ebene eine Kirche gebaut werden sollte. Aber davon wollten die Trolle nichts wissen. Sie rissen also jede Nacht nieder, was die Menschen am Tag vorher aufgebaut hatten.«

»Die Kirche wurde aber doch gebaut«, entgegnete der kleine Tjovik.

»Das stimmt, mein Junge! Talja, der Großvater, half den Christen dabei. Seht, er nahm eine Tüte mit Asche, kletterte auf einen Baum in der Nähe des Berges und blies sie den Trollen in die Augen, wenn diese nachts kamen, um die Kirche zu zerstören.«

»Da konnten die Trolle natürlich nichts mehr sehen«, riefen die Wichtel begeistert.

»Selbstverständlich nicht! Sie schrieen und heulten, wenn sie die Felsblöcke aufs Geratewohl gegen die Kirche warfen und keiner mehr traf.«

»Armer Jompa!« kicherte der kleine Wichtel auf dem Schoß des Alten.

»Also wurde die Kirche bald fertig«, fuhr der alte Tjarfa fort. »Der Bischof segnete sie, und danach besaßen die Trolle keine Macht mehr und konnten der Kirche nichts mehr anhaben. Aber umso schlimmer hausten sie im Wald, misshandelten Menschen und Vieh. Damals gab es noch Wölfe und Bären. Die Trolle hetzten sie auf die Haustiere, und mein Großvater musste wie ein geölter Blitz durch das Land jagen, um den armen Menschen zu helfen.«

»Haben die Trolle niemals den Großvater erwischt?« fragte Tjovik.

»Doch! Oft hielten sie ihn im Berg gefangen, aber er verstand es, die Trolle zu täuschen und sich hinauszuschleichen. Manchmal kam er schwarz wie ein Schornsteinfeger und mit zerrissenen Kleidern heim. Aber oft brachte er auch Gold mit, soviel er nur zu tragen vermochte.«

»Hatten die Trolle auch Gold im Berg?« fragte der Kleine verwundert.

Darüber lachten die anderen Wichtel so schallend, dass ihre Bärte wackelten.

»Da merkt man, dass du noch ein Kind bist, Kleiner!« riefen sie. »Sonst würdest du wissen, dass im Berg große Mengen von Ringen und Spangen und anderen goldenen Schmuckstücken verborgen sind.«

»Juchhei!« rief der Junge entzückt, »wollen wir nicht versuchen, von diesen Schätzen etwas zu holen? Die Armen hier in der Gegend könnten gut etwas Flitter und Tand gebrauchen, woran sie ihre Freude hätten.«

»Nein, mein Lieber«, rief der Vater mürrisch. »Das Gold der Trolle gereicht den Menschen niemals zum Segen. Es erweckt bei ihnen nur Hochmut, Faulheit, Schwelgerei, Streitsucht, Neid und böses Blut. Das lehrte mich schon mein Großvater. Und deshalb haben mein Vater und ich und alle anderen Wichtelmänner hier in der Gegend die Finger von diesem Gold in den Bergen gelassen.«

»Es ist wohl auch nicht so einfach, an diese Schätze heranzukommen?« meinte Tjovik.

»O doch! In einer solchen Nacht wie heute geht es ganz leicht«, antwortete der Großvater. »In der Weihnachtszeit suchen die Trolle alle ihre Schätze hervor, um sie zu zählen. Da sind sie so bei der Sache, dass sie weder sehen noch hören.«

»Aber wie kommt man in den Berg hinein?« fragte der Kleine.

»In der Heiligen Nacht öffnen sich die Pforten zum Berg von selbst« antwortete der Großvater. »Doch wehe denen, die noch im Berg sind, wenn die Glocken zur Frühmesse am Morgen rufen. Dann beginnen die Trolle wieder zu sehen und zu hören und man entgeht ihnen nicht mehr.«

»Ist dein Vater auch einmal mit den Trollen in Streit geraten?«

»Das will ich meinen, Tjovik Torgusson!

Einmal hing sein Leben nur an einem Faden, als er auf einem Ochsen den Berg verließ.«

»Erzähle, erzähle Großvater! Wie konnte das geschehen?«

»Also, Skimpa hatte hier vom Hof einen Ochsen gestohlen. Mein Vater tobte und schlich sich in den Berg. Alles ging glatt, denn die Trollfrau hatte vergessen, die Pforte zu schließen. Im Berg stand Jompa mit einer Axt bereit, das Tier zu schlachten, nun, mein Vater war nicht ängstlich. Er kletterte vom Schwanz her auf den Ochsen und stach ihn mit einer Stecknadel in den Rücken. Der Ochse machte einen Luftsprung und stieß mit den Hörnern auf Jompa und Skimpa ein. Die beiden sprangen auf und suchten das Weite. Und mit meinem Vater auf dem Rücken jagte der Ochse durch die Pforte.«

Die Wichtel lachten so, dass zwei kleine Wichtelmännchen von den Sardinenbüchsen herunterfielen.

»Na, und du, Großvater? Bist du schon einmal im Berg gewesen?« fragte Tjovik.

»Viele Male! Aber ich habe niemals etwas anderes wiedergeholt als das, was die Trolle den Menschen gestohlen hatten. Einmal bin ich gerade noch mit dem Leben davongekommen. Ich verlor dabei die Kappe und die Holzschuhe und kam so schwarz wie ein Schornsteinfeger heim.«

»Wie konnte das passieren, Großvater?«

»Nun, ich musste durch die Esse klettern, weil alle Pforten verschlossen waren.«

»Da ging es dir so wie meinem Bruder vor ein paar Jahren«, sagte einer der Wichtel.

»Erzähl' davon, Onkel!« bat Tjovik, und das tat der Wichtel gern: »Das war so! Er suchte nach dem

Hirtenmädchen des Bauern auf dem Granhulthof, das die Trolle geraubt hatten, und befand sich noch im Berg, als der Hahn krähte und alle Pforten sich von selbst schlossen. Es blieb ihm nichts anderes übrig, als in das Quellwasser des Berges zu tauchen und so dem unterirdischen Strom nach außen zu folgen. Du weißt, dass der Bach, der hier am Hof vorbei fließt, im Berg entspringt. Der arme Kerl hatte nicht einen trockenen Faden auf dem Leib, als er zurückkam.«

Der kleine Wichtel hörte ganz genau zu. Er hätte doch so gern einen Armreifen oder eine goldene Kette zu stehlen versucht, die er Anna-Lisa, der ältesten Tochter auf dem Hof, geschenkt hätte, die bald heiraten würde. Sie war doch so lieb zu ihnen allen. Und Tjovik hatte sie von Herzen gern.

Die Wichtel lauschten noch lange den Geschichten des alten Tjarfa. Schließlich wurden alle müde, und jeder ging zu seinem Lager. Der Großvater kroch in einen alten Handschuh, der in der Ecke herumlag, Torgus und Tjovik legten sich auf ein Katzenfell zwischen ein paar Zuckerkisten.

Doch der kleine Wichtel konnte nicht einschlafen. Er dachte immerzu darüber nach, wie er sich den Schmuck, nur ein einziges Stück, aus den Schätzen im Berg beschaffen könne. Der könnte Anna-Lisa doch nicht schaden! Das Gold würde bestimmt nur bei den Menschen Unheil anrichten, die zuviel davon bekämen.

Schließlich erhob sich Tjovik, setzte die Kappe auf, zog die Holzschuhe an, nahm seinen Stock und ging in den Wald hinaus.

Draußen war es ruhig und sehr finster.

Kein Stern stand am Himmel, aus keinem Fenster drang ein Lichtschein. Die Menschen lagen im tiefsten Schlaf um die Mitternachtsstunde. Im Wald hörte man nur ein paar Mal eine Füchsin heulen. Der kleine Wichtel beeilte sich.

Er fürchtete sich nicht vor der Dunkelheit, auch nicht vor dem Fuchs. Wenn man nur drei Zoll lange Beine hat, kommt man nicht so schnell voran, aber dafür konnte der Knirps fünf Schritte machen, wenn der Mensch einen tut. So schaffte er den Weg bis zum Fuß des Fuchshallenberges in einer Stunde.

Uh, wie rau und steil und hoch ragte der Berg empor. Aus den Ritzen des Berges drang nicht ein Lichtschein. Aber er hörte ein Klirren aus dem Innern, das von goldenen und silbernen Geldstücken herrühren konnte.

Wartet nur! dachte der Kleine und begann, den Berg hinaufzuklettern. Schnell ging das nicht, aber schließlich gelang es doch. Manchmal rutschte er ein Stück zurück. Dann raffte er sich auf und klomm weiter empor. Pustend und schwitzend sprang er von Fels zu Fels, schwang sich von Absatz zu Absatz und hatte bald die Hälfte des Weges zurückgelegt.

Ein Käuzchen hörte er von einem nahen Wäldchen. Aber Tjovik ließ sich dadurch nicht erschrecken. Er wollte solange klettern, bis er ein Loch fände, durch das er in den Berg zu den Trollen kommen konnte.

Endlich entdeckte er einen Lichtschein, der aus einer Ritze kam. Er steckte seinen Stock hinein und stemmte sich dagegen. Eine Tür öffnete sich ohne jedes Geräusch.

Der kleine Wichtel trat in einen großen Saal, dessen Wände und Dach mit schwarzem, rauem Stein bedeckt waren. Auf dem Fußboden lagen hier und da Knochen von großen Tieren. An den Seiten des Saals hingen verrostete Waffen.

Wie unheimlich das alles war! Tjovik ging weiter. So kam er zur nächsten Tür, die aus Kupfer zu sein schien. Auch diese ließ sich ebenso leicht wie die erste öffnen, und Tjovik gelangte in einen anderen Saal, an dessen Wänden entlang

Berge von Silbergeld aufgehäuft waren. Irgendein Lebewesen war nicht zu entdecken.

Hier fände ich genug Geld, um meinem guten Bauern eine Uhr zu kaufen, dachte er. Doch von der anderen Seite einer silbernen Türe hörte er plötzlich ein klirrendes Geräusch! Was mögen die da drinnen wohl vorhaben? …

Leise öffnete er die Tür einen Spalt.

Und was sah er? Mitten im Saal stand eine offene Kiste. Daneben saßen zwei schrecklich anzuschauende Trolle und rasselten mit goldenen Ringen und Armbändern, mit Perlen und Edelsteinen. Sie waren mit dem Zählen ihrer Schätze so beschäftigt, dass sie Tjovik weder sahen noch hörten.

An der einen Seite des Saales befand sich eine Quelle, aus der Wasser unter die Wand und dann in die Erde strömte. Am Rand lag ein zersprungener Holzschuh, der an der Wand mit einer Schnur festgebunden war, so dass er nicht mit dem Wasser wegschwimmen konnte.

Diesen Schuh hat Skimpa ins Wasser gelegt, damit das gesprungene Holz wieder zuquillt, dachte Tjovik. Ich muss aufpassen, mit diesem Boot kann ich davonfahren, falls die Pforten geschlossen sind.

Ganz leise und vorsichtig trat der Knirps an die Kiste heran. Aber sie war so hoch, dass er nicht einmal bis an den Rand reichte. Er streckte und streckte sich, so gut er konnte, und da … ihr werdet es gleich erfahren!

Jompa und Skimpa mussten plötzlich niesen, beide zur gleichen Zeit. Lieber Gott, hilf mir! Durch den Berg ging ein Dröhnen. Der Luftzug war so stark, dass Tjovik wie ein Handschuh in die Luft flog und kopfüber in die Kiste mit dem Gold fiel.

O, jetzt geht alles schief, dachte der Kleine und umklammerte seinen Stock, damit er sich den Trollen gegenüber verteidigen konnte.

Aber diese dummen Riesen hatten ihn nicht entdeckt! Sie rechneten und rechneten, während sich der Wichtel in dem Goldhaufen umsah. Er suchte eine Kette aus, die gerade lang genug war, dass er sie sich um den Hals hängen konnte. Dann versuchte er, auf den Rand der Kiste zu klettern, um auf der anderen Seite den Boden zu erreichen. Und in demselben Augenblick riefen die Glocken zur Frühmesse! Die Trolle sprangen auf, fuhren mit den Fingern in ihre Ohren. Alle Türen und Pforten des Berges schlugen von selbst zu. Auch der Deckel der Kiste schloss sich über dem Gold und – dem kleinen Wichtel.

Ja, nun saß er wie die Maus in der Falle.

Doch so schnell verlor Tjovik nicht den Mut.

Wie kann ich nur die Trolle dazu bringen, wieder die Kiste zu öffnen, das weitere wird sich finden, dachte er. Tjovik setzte den Mund an das Schlüsselloch und begann, wie eine Maus zu piepsen.

»Wir haben eine Maus in der Kiste«, sagte Skimpa, die Alte.

»Die muss drin bleiben bis zum nächsten Weihnachtsabend«, erwiderte Jompa.

»Da frisst sie ein Loch in die Kiste, lieber Vater!« sagte daraufhin Skimpa.

»Da kannst du recht haben, liebe Mutter!« antwortete Jompa. So öffnete er die Kiste und sah den kleinen Wichtel auf dem Rand sitzen.

»Welch eine lustige Maus!« grinste der alte Troll und lachte so laut und höhnisch, dass sein Bauch auf und nieder hüpfte.

»Was bist du für ein Teufelskerl?« »Ich bin Tjovik Torgusson, der Wichteljunge vom Bauernhof«, antwortete der Kleine dreist.

»Ha, ha, ha! Ho, ho, ho!« So nahm er lachend den Knirps zwischen Daumen und Zeigefinger und fuhr fort: »Du wirst ein seltener Nachtisch zum Weihnachtsschinken. Ist deine Bratpfanne schon heiß, Mutter?«

»Ihr könnt mich doch nicht braten, bevor ich den Schmutz von den Fingern abgewaschen habe«, sagte Tjovik.

»Warte, Kleiner! Du wirst schon sauber werden. Darauf kannst du dich verlassen!« grunzte der alte Riese.

Mit diesen Worten setzte er den Jungen auf den Rand der Quelle und goss Wasser über ihn.

»Das genügt nicht!« rief Tjovik. »Hole eine Bürste und Schmierseife!«

»Das ist ein gestrenger kleiner Mann!« brummte der Troll und ließ los, um eine Bürste zu holen.

Und in demselben Augenblick sprang der kleine Wichtel in den Holzschuh, zog sein Taschenmesser heraus und schnitt die Schnur durch, die den Holzschuh festhielt.

Und richtig! Dieser schwamm mit dem Strom des Wassers unter die Bergwand. Jompa und Skimpa begannen zu brüllen, dass einem das Trommelfell hätte platzen können. Aber Tjovik schwenkte seine Mütze und schrie »Hurra!«

Der Strom führte den Holzschuh mit dem kleinen Insassen durch den unterirdischen Kanal zu dem Bach hinaus, der am Bauernhof vorbeifloss. Dort sprang der Junge an Land und ging heim. Aber die goldene Kette hatte er verloren, als der Troll das Wasser über ihn ausschüttete.

Viel hätte nicht gefehlt und Tjovik hätte für seine Dreistigkeit Prügel von Vater und Großvater bezogen. Doch er entging der Strafe, weil er so etwas Dummes zum ersten Mal gemacht hatte. Er musste jedoch versprechen, niemals mehr nach anderen Schätzen zu suchen als nach denen, die man durch ehrliche Arbeit verdient. Und das Versprechen hat Tjovik bis heute gehalten.

Der Tannenbaum

Draußen im Walde stand ein hübscher Tannenbaum, er hatte einen guten Platz, Sonne konnte er bekommen, Luft war genug da, und ringsum standen viele größere Gefährten, Tannen wie auch Kiefern; aber der kleine Tannenbaum war so sehr darauf versessen zu wachsen, er dachte nicht an die warme Sonne und die frische Luft, er kümmerte sich nicht um die Bauernkinder, die miteinander schwatzten, wenn sie herauskamen, um Erdbeeren oder Himbeeren zu pflücken; oft hatten sie einen ganzen Krug voll oder hatten Erdbeeren auf Halme aufgezogen, dann setzten sie sich neben das Bäumchen und sagten: »Nein! wie ist es niedlich klein!« Das mochte der Baum gar nicht hören.

Ein Jahr später war er um einen ganzen Schoss größer geworden, und das Jahr darauf wieder um einen länger; denn einer Tanne kann man immer, je nach der Zahl der Schösslinge, die sie hat, ansehen, wie viele Jahre sie alt ist.

»Oh, wäre ich doch so ein großer Baum wie die anderen!« seufzte der kleine Baum. »Dann könnte ich meine Äste weithin ausbreiten und mit der Spitze in die weite Welt hinausschauen! Die Vögel würden dann in meinen Zweigen nisten, und wenn es windig wäre, könnte ich ganz vornehm nicken, ebenso wie die anderen dort!«

Er hatte gar keine Freude am Sonnenschein, an den Vögeln oder den roten Wolken, die morgens und abends über ihn hinwegsegelten.

War es dann Winter und der Schnee lag ringsum funkelnd weiß, so kam oft ein Hase angehoppelt und setzte mir nichts dir nichts über das Bäumchen hinweg – oh, das war sehr ärgerlich! – Aber es vergingen zwei Winter, und im dritten war der Baum so groß, dass der Hase um ihn herumgehen musste. Ach, wachsen, groß und alt werden, das ist doch das einzig Schöne in dieser Welt, dachte der Baum.

Im Herbst kamen immer die Holzfäller und fällten einige von den größten Bäumen; das geschah alljährlich, und die junge Tanne, die jetzt so gut wie erwachsen war, erbebte, denn die großen, prachtvollen Bäume fielen mit Krachen und Getöse zu Boden. Die Äste wurden ihnen abgehauen, sie sahen ganz kahl, lang und schmal aus, sie waren fast nicht wiederzuerkennen; aber dann wurden sie auf Wagen gelegt, und Pferde zogen sie aus dem Wald hinaus.

Wo kamen sie hin? Was stand ihnen bevor?

Im Frühling, als die Schwalbe und der Storch kamen, fragte der Baum sie: »Wisst ihr nicht, wo man sie hingeführt hat? Seid ihr ihnen nicht begegnet?«

Die Schwalben wussten nichts, aber der Storch sah nachdenklich aus, nickte mit dem Kopf und sagte: »Doch, ich glaube es! Ich bin vielen neuen Schiffen begegnet, als ich aus Ägypten fortflog; auf den Schiffen waren prächtige Mastbäume, ich glaube bestimmt, dass sie es waren, sie rochen nach Tanne; ich kann vielmals grüßen, sie ragen, sie ragen empor!«

»Oh, wäre ich doch auch groß genug, um über das Meer hinfliegen zu können! Wie ist es eigentlich, dies Meer, und wie sieht es aus?«

»Ach, das zu erklären ist zu umständlich!« sagte der Storch, und dann ging er.

»Freue dich deiner Jugend!« sagten die Sonnenstrahlen; »freue dich über dein frisches Gedeihen, das junge Leben, das in dir ist!«

Und der Wind küsste den Baum, und der Tau vergoss Tränen deswegen, aber das verstand der Tannenbaum nicht.

Wenn die Weihnachtszeit nahte, wurden ganz junge Bäume gefällt, Bäume, die oft nicht einmal so groß oder so alt waren wie diese Tanne, die nicht ruhte noch rastete, sondern immer vorwärts wollte; diese jungen Bäume, und es waren gerade die allerschönsten, behielten immer ihre Zweige, sie wurden auf Wagen gelegt, und Pferde zogen sie aus dem Wald hinaus.

»Wo kommen die hin?« fragte die Tanne. »Sie sind nicht größer als ich, es war sogar einer dabei, der viel kleiner war; weshalb behielten sie alle ihre Zweige? Wo fahren sie hin?«

»Das wissen wir! das wissen wir!« zwitscherten die Sperlinge. »Wir haben unten im Ort durch die Scheiben geguckt! Wir wissen, wo sie hinfahren! Oh, sie kommen zur größten Pracht und Herrlichkeit, die man sich vorstellen kann! Wir haben durch die Fenster geguckt und gesehen, dass sie mitten in die warme Stube gepflanzt und mit den hübschesten Sachen geschmückt wurden, mit vergoldeten Äpfeln, Honigkuchen, Spielzeug und vielen hundert Kerzen!«

»Und dann …?« fragte die Tanne und bebte mit allen Zweigen. »Und dann? Was geschieht dann?«

»Ja, mehr haben wir nicht gesehen! Es war unvergleichlich!«

»Ob ich auf die Welt gekommen bin, um diesen glänzenden Weg zu gehen?« jubelte der Tannenbaum, »Das ist noch besser, als über das Meer zu fahren! Wie ich an Sehnsucht leide! Wäre es doch Weihnachten! Jetzt bin ich groß und hoch wie die anderen, die im letzten Jahr fortgebracht wurden! – Oh, wäre ich schon auf dem Wagen! Wäre ich doch in der warmen Stube mit all der Pracht und Herrlichkeit! Und dann …? Ja, dann kommt noch etwas Besseres, noch etwas Schöneres, weshalb würden sie mich sonst so schmücken? Da muss etwas noch Größeres kommen, etwas noch Herrlicheres ...! Aber was? Oh, ich leide! Ich sehne mich! Ich weiß selber nicht, was mit mir ist!«

»Freue dich an mir!« sagten die Luft und das Sonnenlicht.»Freue dich über deine frische Jugend draußen im Freien!«

Aber er freute sich gar nicht, er wuchs und wuchs, Winter und Sommer grünte er, dunkelgrün war er; Leute, die ihn sahen, sagten: »Das ist ein hübscher Baum!« und um die Weihnachtszeit wurde er als erster von allen gefällt. Die Axt hieb tief durch das Mark, der Baum stürzte mit Ächzen zu Boden, er spürte einen Schmerz, eine Kraftlosigkeit, er konnte gar nicht an irgendein Glück denken, er war so betrübt, sich von der Heimat trennen zu müssen, von dem Fleck, wo er aufgewachsen war; er wusste ja, er sah die lieben alten Gefährten, die kleinen Büsche und Blumen ringsum niemals wieder, ja, vielleicht nicht einmal die Vögel. Der Aufbruch war gar nicht so angenehm.

Der Baum kam erst wieder zu sich, als er auf dem Hofe zusammen mit den anderen Bäumen abgeladen wurde und einen Mann sagen hörte: »Der ist prächtig! Wir brauchen keinen weiter als nur diesen!«

Nun kamen zwei Diener in vollem Putz und trugen den Tannenbaum in einen großen, schönen Saal. Ringsum an den Wänden hingen Porträts, und neben dem großen Kachelofen standen große chinesische Vasen mit Löwen auf dem Deckel; hier gab es Schaukelstühle, seidene Sofas, große Tische voller Bilderbücher und Spielzeug für hundertmal hundert Reichstaler – das sagten jedenfalls die Kinder. Und der Tannenbaum wurde in einen großen Kübel mit Sand gestellt, aber niemand konnte sehen; dass es ein Kübel war, denn es wurde grüner Stoff herumgehängt, und er wurde auf eine große bunte Decke gestellt. Oh, wie der Baum bebte! Was würde nur geschehen? Die Diener und auch die Fräulein gingen herum und schmückten ihn. An einen Zweig hängten sie kleine Netze, aus buntem Papier geschnitten; jedes Netz war mit Zuckerwerk gefüllt; vergoldete Äpfel und Walnüsse hingen herab, als ob sie daran festgewachsen wären, und über hundert rote, blaue und weiße Lichtchen wurden an den Zweigen festgesteckt. Puppen, die wie leibhaftige Menschen aussahen – der Baum hatte so etwas nie gesehen –, schwebten in dem Grün, und zu aller oberst auf der Spitze wurde ein großer Stern aus Rauschgold festgemacht; es war prächtig, ganz unbeschreiblich prächtig.

»Heute Abend«, sagten sie alle, »heute Abend wird er strahlen!«

»Oh«, dachte der Baum, »wäre es doch Abend! wären bloß die Lichter bald angezündet! Und was dann wohl geschieht! Ob dann Bäume aus dem Walde kommen und mich betrachten? Ob die Sperlinge an der Scheibe vorbeifliegen? Ob ich hier anwachse und Winter und Sommer geputzt stehe?«

O ja, der sollte was erleben! Aber ihm tat richtig die Rinde weh vor lauter Sehnsucht, und Rindenweh ist ebenso schlimm für einen Baum wie Kopfweh für uns andere.

Jetzt wurden die Lichter angezündet. Welch ein Glanz, welch eine Pracht, der Baum bebte davon an allen Zweigen, so dass eins von den Lichtern das Grün ansteckte; es brannte richtig.

»Hilf Himmel!« schrieen die Fräulein und löschten in aller Eile.

Nun getraute der Baum sich nicht einmal zu beben. Oh, es war schrecklich! Er hatte große Angst, etwas von all seinem Prunk zu verlieren, er stand ganz benommen in all dem Glanz – und nun gingen beide Flügeltüren auf, und eine Menge Kinder stürzten herein, so als wollten sie den ganzen Baum umkippen; die älteren Leute kamen bedächtig hinterdrein, die Kleinen standen ganz stumm – aber nur einen Augenblick, dann jubelten sie wieder so, dass es hallte; sie tanzten um den Baum, und ein Geschenk nach dem anderen wurde heruntergeholt.

»Was tun sie da wohl?« dachte der Baum. »Was wird geschehen?« Und die Lichter brannten bis auf die Zweige herunter, und der Reihe nach, wie sie herunterbrannten, blies man sie aus, und dann wurde den Kindern erlaubt, den Baum zu plündern. Ach, sie stürzten sich auf ihn, dass es in allen Zweigen knackte; wäre er nicht mit der Spitze und dem goldenen Stern an der Decke festgemacht gewesen, dann wäre er umgefallen.

Die Kinder tanzten mit ihrem prächtigen Spielzeug herum, niemand sah den Baum an außer der alten Kinderfrau, die zwischen die Äste schaute, aber das tat sie nur, um nachzusehen, ob nicht noch eine Feige oder ein Apfel vergessen worden war.

»Eine Geschichte, eine Geschichte!« riefen die Kinder und zogen einen kleinen dicken Mann zum Baum, und er setzte sich darunter. »Weil wir dann nämlich im Grünen sind«, sagte er, »und besonders dem Baum tut es gut zuzuhören! Aber ich erzähle nur eine Geschichte. Wollt ihr die von Ivede-Avede hören oder die von Klumpe-Dumpe, der die Treppen hinunterfiel und trotzdem auf den Thron kam und die Prinzessin erhielt?«

»Ivede-Avede!« schrieen einige, »Klumpe-Dumpe!« schrieen andere; es war ein Rufen und Schreien, nur der Tannenbaum schwieg ganz still und dachte: »Soll ich gar nicht dabei sein, gar nichts tun?« Er war ja mit dabei gewesen, hatte getan, was er tun sollte.

Und der Mann erzählte von »Klumpe-Dumpe, der die Treppe hinunterfiel und doch auf den Thron kam und die

Prinzessin erhielt«. Und die Kinder klatschten in die Hände und riefen: »Erzähle! erzähle!« sie wollten auch »Ivede-Avede« hören, aber sie bekamen nur die von »Klumpe-Dumpe«. Der Tannenbaum stand ganz still und nachdenklich da, nie hatten die Vögel draußen im Wald dergleichen erzählt. »Klumpe-Dumpe fiel die Treppe hinunter und bekam doch die Prinzessin! Ja, ja, so geht es in der Welt zu!« dachte der Tannenbaum und glaubte, es sei wahr, weil der Mann, der es erzählte, so nett war. »Ja, ja, wer kann es wissen! vielleicht falle ich auch die Treppe hinunter und bekomme eine Prinzessin!« Und er freute sich darauf, am nächsten Tag mit Lichtern und Spielzeug, Gold und Früchten geputzt zu werden.

»Morgen werde ich nicht zittern!« dachte er. »Ich werde mich so recht all meiner Herrlichkeit erfreuen. Morgen werde ich wieder die Geschichte von »Klumpe-Dumpe« hören und vielleicht die von »Ivede-Avede«.« Und der Baum stand die ganze Nacht still und nachdenklich da.

Am Morgen kamen Hausknecht und Magd herein.

„Jetzt geht das Putzen von neuem los!« dachte der Baum, aber sie schleppten ihn aus der Stube, die Treppe hinauf, auf den Boden, und dort stellten sie ihn in eine dunkle Ecke, wo kein Licht hinschien. »Was soll das heißen?« dachte der Baum. »Was soll ich wohl hier machen? Was werde ich hier wohl zu hören bekommen?« Und er lehnte sich gegen die Mauer und stand da und dachte und dachte. – Und Zeit genug hatte er, denn es vergingen Tage und Nächte, keiner kam herauf; und kam wirklich mal jemand, dann nur, um einige große Kisten in die Ecke zu stellen. Der Baum stand ganz versteckt, man sollte meinen, er wäre völlig vergessen worden.

»Jetzt ist draußen Winter!« dachte der Baum. »Die Erde ist hart und mit Schnee bedeckt, die Menschen können mich nicht einpflanzen; deswegen soll ich wohl hier unter Dach stehen bis zum Frühling! Wie umsichtig! wie gütig sind doch die Menschen! – Wäre es hier nur nicht so dunkel und so schrecklich einsam! – Nicht einmal ein kleiner Hase! Das war doch so reizend draußen im Wald, wenn Schnee lag und der Hase vorüberhoppelte; ja, selbst als er über mich hinwegsprang, aber das mochte ich damals nicht. Hier oben ist es doch schrecklich einsam!«

»Pieps, pieps!« sagte in diesem Augenblick ein Mäuschen und schlüpfte hervor, und dann kam noch eine kleine Maus. Sie beschnupperten den Tannenbaum und huschten zwischen seinen Ästen hindurch.

»Es ist eine gräuliche Kälte!« sagten die kleinen Mäuse.

»Sonst ist hier gut sein! Nicht wahr, du alter Tannenbaum?«

»Ich bin gar nicht alt!« sagte der Tannenbaum, »es gibt viele, die viel älter sind als ich!«

»Wo kommst du her?« fragten die Mäuse, »und was weißt du?« Die waren aber wirklich neugierig. »Erzähle uns doch von dem schönsten Ort auf Erden! Bist du da gewesen? Bist du in der Speisekammer gewesen, wo Käse auf den Wandbrettern liegen und Schinken unter der Decke hängen, wo man auf Talglichtern tanzt und mager hineingeht und fett herauskommt?«

»Davon weiß ich nichts«, sagte der Baum, »aber den Wald kenne ich, wo die Sonne scheint und wo die Vögel singen!« und dann erzählte er alles aus seiner Jugendzeit, und die kleinen Mäuse hatten nie zuvor Derartiges vernommen, und sie hörten genau zu und sagten: »Nein, wie viel hast du doch gesehen! Wie bist du glücklich gewesen!«

»Ich?« sagte der Tannenbaum und dachte über das nach, was er selber erzählte. »Ja, es waren im Grunde ganz vergnügliche Zeiten!« – Aber dann erzählte er vom Weihnachtsabend, als er mit Kuchen und Lichtern geschmückt war.

»Oh!« sagten die kleinen Mäuse, »wie bist du glücklich gewesen, du alter Tannenbaum!«

»Ich bin gar nicht alt!« sagte der Baum. »Ich bin erst in diesem Winter aus dem Walde gekommen, ich bin in meinem allerbesten Alter, ich bin nur etwas gedrungen von Wuchs!«

»Wie schön du erzählst!« sagten die kleinen Mäuse, und in der nächsten Nacht kamen sie mit vier anderen Mäuslein, die hören sollten, wie der Baum erzählte; und je mehr er erzählte, desto deutlicher kam ihm die Erinnerung an alles, und er fand: »Es waren doch ganz vergnügliche Zeiten! Aber sie können wiederkommen, sie können wiederkommen! Klumpe-Dumpe fiel die Treppe hinunter und bekam doch die Prinzessin, vielleicht kann ich auch eine Prinzessin bekommen.« Und dann dachte der Tannenbaum an so eine kleine, niedliche Birke, die draußen im Walde stand, die war für den Tannenbaum eine wirklich schöne Prinzessin.

»Wer ist Klumpe-Dumpe?« fragten die kleinen Mäuse.

Und dann erzählte der Tannenbaum das ganze Märchen, er hatte jedes einzelne Wort behalten. Es hätte nicht viel gefehlt, und die kleinen Mäuse wären vor lauter Vergnügen auf die Spitze des Baumes gesprungen. In der nächsten Nacht kamen immer mehr Mäuse, und am Sonntag sogar zwei Ratten; aber die sagten, die Geschichte sei nicht lustig, und das betrübte die kleinen Mäuse, denn nun gefiel sie ihnen auch nicht mehr so gut.

»Können Sie nur diese eine Geschichte?« fragten die Ratten.

»Nur die eine!« antwortete der Baum, »die hörte ich an meinem glücklichsten Abend, aber damals dachte ich nicht daran, wie glücklich ich war!«

»Es ist eine außerordentlich schlechte Geschichte! Kennen Sie keine mit Speck und Talglichtern? Keine Speisekammergeschichten?«

»Nein!« sagte der Baum.

»Ja, dann danken wir bestens!« erwiderten die Ratten und gingen nach Hause.

Die kleinen Mäuse blieben zuletzt auch weg, und da seufzte der Baum: »Es war doch ganz schön, als sie um mich herumsaßen, die geschwinden Mäuslein, und zuhörten, was ich erzählte! Nun ist das auch vorbei! – Aber ich werde darauf acht haben, dass ich mich vergnüge, wenn ich nun wieder hervorgeholt werde!«

Aber wann würde das sein? – O doch, eines Morgens kamen Leute und kramten auf dem Boden; die Kisten wurden weggeschoben, der Baum wurde hervorgezogen; sie warfen ihn allerdings ein wenig hart auf den Fußboden, aber schnell schleifte ihn ein Knecht zur Treppe, wo das Tageslicht schimmerte.

»Jetzt fängt das Leben wieder an!« dachte der Baum, er spürte die frische Luft, den ersten Sonnenstrahl. – Und nun war er draußen auf dem Hof, alles ging so geschwind, der Baum vergaß ganz, sich selber anzuschauen, es war ringsum so viel zu sehen. Der Hof grenzte an einen Garten, und da drinnen blühte alles; die Rosen hingen frisch und duftend über den kleinen Zaun, die Lindenbäume blühten, und die Schwalben flogen umher und sagten: »Quirre-wirre-witt, mein Mann ist gekommen!« aber den Tannenbaum, den meinten sie nicht.

»Nun werde ich leben!« jubelte er und breitete weit seine Zweige aus. Ach, die waren alle welk und gelb, er lag in der Ecke zwischen Unkraut und Nesseln. Der goldene Papierstern saß noch oben in der Spitze und blitzte im hellsten Sonnenschein.

Auf dem Hofe selber spielten ein paar von den lustigen Kindern, die zur Weihnachtszeit um den Baum getanzt waren und sich so über ihn gefreut hatten. Eins von den kleinsten kam herbeigerannt und riss den goldenen Stern ab.

»Seht doch, was hier noch an dem scheußlichen alten Weihnachtsbaum sitzt!« sagte es und trampelte auf den Zweigen herum, dass sie unter seinen Stiefeln knackten.

Und der Baum betrachtete die ganze Blumenpracht und die Frische im Garten, er betrachtete sich selber, und er wünschte, er wäre in seiner finsteren Ecke auf dem Boden geblieben; er dachte an seine frische Jugendzeit im Wald, an den lustigen Weihnachtsabend und an die kleinen Mäuse, die so fröhlich der Geschichte von Klumpe-Dumpe gelauscht hatten.

»Vorbei! vorbei!« sagte der arme Baum. »Hätte ich mich doch gefreut, als ich es noch konnte! Vorbei! Vorbei!«

Und der Hausknecht kam und hackte den Baum in kleine Stücke, ein ganzer Stapel lag da; prächtig loderte er unter dem großen Braukessel, und der Baum seufzte so schwer, jeder Seufzer war wie ein kleiner Schuss. Darum kamen die Kinder, die gespielt hatten, angerannt und setzten sich vor das Feuer, schauten hinein und riefen: »Piff! paff!« Aber bei jedem Knall, der ein tiefer Seufzer war, dachte der Baum an einen Sommertag im Wald, eine Winternacht dort draußen, als die Sterne glänzten; er dachte an den Weihnachtsabend und an Klumpe-Dumpe, das einzige Märchen, das er gehört hatte und erzählen konnte – und dann war der Baum verbrannt.

Die Jungen spielten auf dem Hof, und der kleinste hatte auf der Brust den goldenen Stern, den der Baum an seinem glücklichsten Abend getragen hatte; nun war dieser zu Ende, und mit dem Baum war es zu Ende, und mit der Geschichte auch: zu Ende, zu Ende – und das sind alle Geschichten einmal!

Zwölfe mit der Post

Es war klirrender Frost, sternklares Wetter, windstill. »Bumms!« da hauten sie mit einem Topf gegen die Tür, »Paff!« da schossen sie das neue Jahr ein; es war Altjahrsabend; jetzt schlug die Uhr zwölf.

»Tatterata!« da kam die Post. Die große Postkutsche hielt außerhalb des Stadttors, sie brachte zwölf Personen, mehr hatten dort nicht Platz, alle Plätze waren besetzt.

»Hurra! Hurra!« wurde drinnen in den Häusern gesungen, wo die Leute Altjahrsabend feierten und sich gerade eben mit gefüllten Gläsern erhoben hatten und auf das neue Jahr tranken.

»Gesundheit und Glück im neuen Jahr!« sagten sie, »eine kleine Frau! Viel Geld! Schluss mit dem Ärger!«

Ja, das wünschte man sich gegenseitig, und es wurde angestoßen und – die Post hielt vor dem Stadttor mit den fremden Gästen, den zwölf Reisenden.

Was waren das für Leute? Sie hatten Pass und Reisegepäck mit, ja, Geschenke für dich und mich und alle Menschen in der Stadt. Wer waren diese Besucher? Was wollten sie und was brachten sie?

»Guten Morgen!« sagten sie zur Schildwache am Tor. »Guten Morgen!« sagte die, denn die Uhr hatte ja zwölf geschlagen.

»Ihr Name? Ihr Stand?« fragte die Schildwache den, der als erster aus dem Wagen stieg.

»Sehen Sie sich den Pass an!« sagte der Mann. »Ich bin ich!« Er war auch ein Mordskerl, in Bärenpelz und Schneestiefeln. »Ich bin der Mann, auf den gar viele ihre Hoffnung setzen. Komm morgen, dann wirst du ein Neujahr erleben! Ich werfe

Schillinge und Taler unter die Menge, mache Geschenke, ja, ich gebe Bälle, ganze einunddreißig Bälle, mehr Nächte habe ich nicht zu verschenken. Meine Schiffe sind eingefroren, aber in meinem Kontor ist es warm. Ich bin Großkaufmann und heiße Januar. Ich habe nur Rechnungen mit.«

Dann kam der nächste, er war ein Spaßmacher, er war Direktor der Komödien, Maskenfeste und jeglichen Vergnügens, auf das man verfallen kann. Sein Reisegepäck war eine große Tonne.

»Aus der schlagen wir zur Fastnacht mehr als nur den Kater heraus«,[1] sagte er. »Ich möchte andere ergötzen und mich selber dazu, denn ich habe von der ganzen Familie die kürzeste Zeit zu leben; ich werde nur achtundzwanzig! Ja, vielleicht schaltet man einen Tag ein; aber das tut nichts zur Sache. Hurra!«

»Sie dürfen nicht so laut schreien«, sagte die Schildwache.

»Doch, natürlich darf ich das«, sagte der Mann, »ich bin Prinz Karneval und reise unter dem Namen Februarius.«

Jetzt kam der dritte; der sah aus wie das reinste Fasten, hielt sich aber kerzengerade, denn er war mit den »vierzig Rittern« verwandt und war Wetterprophet; aber das macht nicht fett, daher pries er die Fastenzeit. Sein Schmuck war ein Büschel Veilchen im Knopfloch, aber sie waren sehr klein.

»März, marsch!« rief der vierte und puffte den dritten.

»März, marsch! hinein in die Wache, hier gibt's Punsch! Ich kann ihn riechen!« aber das war nicht wahr, er wollte ihn zum Aprilnarren machen, damit begann der vierte Bursche.

---

1 Ein alter, jetzt verschwundener Fastnachtsbrauch in Dänemark, bei dem eine Tonne über der Straße aufgehängt wurde, in die man eine Katze steckte. Wer mit einem Schlag ein Loch in die Tonne machen konnte, so dass die Katze hinaus zu schlüpfen vermochte, war Fastnachtskönig (Anm. d. Übers.)

Er sah aus, als wäre er ziemlich forsch; sicher tat er nicht allzu viel, hielt aber viele Feiertage ab. »Mit der Stimmung geht es auf und ab!« sagte er, »Regen und Sonnenschein, Einziehen und Ausziehen! Ich bin auch Umzugstagkommissarius, ich bin Leichen- und Hochzeitsbitter, ich kann lachen und weinen. Ich habe Sommerkleider im Koffer, aber es wäre sehr verkehrt, sie zu benutzen. Hier bin ich! Zum Staat trage ich seidene Strümpfe und einen Muff.«

Jetzt kam eine Dame aus dem Wagen.

»Fräulein Mai!« sagte sie. In Sommerkleidung mit Gummischuhen an; sie trug ein buchenblattgrünes seidenes Kleid, Anemonen im Haar, und außerdem duftete sie so sehr nach Waldmeister, dass die Schildwache niesen musste. »Gesundheit!« sagte sie, das war ihre Begrüßung. Sie war reizend! und Sängerin war sie; nicht in den Theatern, sondern drinnen im Walde; nicht in den Zelten, nein, im frischen, grünen Wald ging sie umher und sang zu ihrem eigenen Vergnügen; sie hatte in ihrem Nähbeutel Christian Winthers *Holzschnitte* bei sich, denn die sind wie der Buchenwald selbst, und *Kleine Gedichte von Richardt,* die sind genau wie der Waldmeister.

»Jetzt kommt die Gnädige, die junge Gnädige!« riefen sie drinnen im Wagen, und dann kam die Dame, jung und fein, stolz und reizend. Sie war dazu geboren, »Siebenschläfer« zu sein, das konnte man gleich sehen. Sie hielt am längsten Tag des Jahres einen Festschmaus ab, damit man Zeit hätte, die vielen Gerichte zu verspeisen; sie konnte es sich leisten, im eigenen Wagen zu fahren, kam aber trotzdem mit der Post wie die anderen, sie wollte dadurch zeigen, dass sie nicht hochmütig war; allein reiste sie auch nicht, sie wurde von ihrem jüngeren Bruder begleitet, Julius.

Er war gut bei Schick, sommerlich gekleidet und trug einen Panamahut. Nur wenig Gepäck führte er mit, es sei so lästig in der Hitze. Er hatte nur eine Badekappe und Schwimmhose; das ist nicht viel.

Jetzt kam die Mutter, Madame August, Obsthändlerin en gros, Besitzerin vieler Fischkästen, Landwirtin in großer Krinoline; sie war fett und warm, nahm an allem teil, ging selbst mit den Bierfässchen zu den Leuten auf dem Felde. »Im Schweiße seines Angesichts sein Brot essen, das soll man«, sagte sie, »das steht in der Bibel; hinterher kann man Waldbälle und Erntefeste abhalten!« Sie war Mutter.

Jetzt kam wieder eine Mannsperson, Maler von Beruf, der Farbmeister, das sollte der Wald erfahren, die Blätter mussten die Farbe wechseln, aber schön, wenn er es wollte; rot, gelb, braun sollte der Wald bald aussehen. Der Meister pfiff wie der schwarze Star, war ein tüchtiger Arbeiter und hängte die bräunlichgrüne Hopfenranke um seinen Bierkrug, das war ein Schmuck, und für Schmuck hatte er einen Blick. Hier stand er nun mit seinem Farbtopf, der war sein ganzes Reisegepäck.

Jetzt kam der Gutsherr, der dachte an den Monat des Säens, an das Pflügen und die Bearbeitung des Bodens, ja auch ein wenig an die Freuden der Jagd; er hatte Hund und Gewehr bei sich, er hatte Nüsse in seiner Tasche, knick, knack! Schrecklich viel Gepäck hatte er mit und einen englischen Pflug; er redete von Landwirtschaft, aber man konnte nicht allzu viel verstehen vor lauter Husten und Keuchen – es war der November, der kam.

Er hatte einen Schnupfen, einen heftigen Schnupfen, so dass er ein Laken benutzte und kein Taschentuch, und dennoch müsse er die Mägde in das neue Gedinge einführen! sagte er, aber die Erkältung würde wohl vorübergehen, wenn er erst Holz hackte, und das würde er tun, denn er war Holzsägemeister für die Zunft. Die Abende brachte er damit zu, Schlittschuhe zu schnitzen, er wusste, in wenigen Wochen schon würde man für dieses ergötzliche Schuhzeug Verwendung haben.

Jetzt kam die letzte, das alte Mütterchen mit dem Kohlenbecken; sie fror, aber ihre Augen strahlten wie zwei helle Sterne. Sie hatte einen Blumentopf mit einem kleinen Tannenbaum im Arm. »Den will ich pflegen und hüten, damit er zum Weihnachtsabend groß wird, vom Fußboden bis an die Decke reicht und mit brennenden Lichtern, vergoldeten Äpfeln und ausgeschnittenen Figuren dasteht. Das Kohlenbecken wärmt wie ein Ofen, ich hole das Märchenbuch aus der Tasche und lese vor, so dass alle Kinder in der Stube still werden, aber die Puppen am Baume werden lebendig, und der kleine Wachsengel ganz oben auf dem Baum bebt mit den Flügeln aus Rauschgold, fliegt von dem grünen Wipfel herab und küsst groß und klein drinnen in der Stube, ja auch die armen Kinder, die draußen vor der Tür stehen und das Weihnachtslied von dem Stern von Bethlehem singen.«

»Und nun kann die Kutsche weiterfahren«, sagte die Schildwache, »jetzt haben wir das Dutzend beisammen. Lasst einen neuen Reisewagen vorfahren!«

»Lass zuerst die zwölf ordnungsgemäß zu mir herein!« sagte der Hauptmann vom Dienst. »Einen zur Zeit! Den Pass behalte ich; er gilt für jeden einen Monat lang; wenn der vorüber ist, werde ich draufschreiben, wie jeder einzelne sich betragen hat. Bitte sehr, Herr Januar, wollen Sie die Güte haben, einzutreten.«

Und dann ging der hinein.

Wenn ein Jahr um ist, werde ich dir sagen, was die zwölf dir, mir und uns allen gebracht haben. Jetzt weiß ich es nicht, und sie wissen es wohl auch selber nicht – denn es ist eine sonderbare Zeit, in der wir leben.

Die getreue Alte

Zu Husum sollte einst ein Winterfest gefeiert werden auf dem Eise, denn das Eis war fest. Zelte wurden aufgeschlagen auf der herrlichen blanken Fläche zwischen dem Ufer und der Insel Nordstrand. Schlittschuh lief, was laufen konnte, Stuhlschlitten flogen dahin, Musik und Tanz, Lied und Becherklang verherrlichte den schönen Tag und die nahe lichthelle Mondnacht, die den Jubel noch vermehren sollte, denn schon ging der Mond auf.

Alles und alles war hinaus aufs Eis und machte sich lustig, nur ein steinaltes Mütterlein war zurückgeblieben, hatte die Weltlust hinter sich, und wenn sie ja wollte, konnte sie hinaus und hinab aufs Eis sehen, denn ihr Häuslein stand auf dem Damme. Und sie tat's, sie sah gegen Abend hinaus und sah im Westen ein Wölkchen über die Kimmung heraufziehen, da befiel sie große Angst, denn sie war eines Schiffers Witwe und kannte die See und die Zeichen von Wetter und Wind. Sie rief, sie winkte – niemand vernahm sie, niemand blickte nach ihr – aber das Wölkchen wuchs zusehends und war ein Bote der Flut und schnell umspringenden Windes von Nord nach West. Und wenn die auf dem Eise nur noch eine halbe – eine Viertelstunde zögerten, so war es um sie getan, so stand Husum menschenleer. Wie die Wolke wuchs, zusehends, riesengroß, schwarz – wie sie schon den lauen Windhauch spürte, wuchs auch der Alten unsägliche Angst – und sie war allein, krank, halb gelähmt, machtlos. Dennoch ermannt sie sich, kriecht auf Händen und Füßen zum Ofen, nimmt einen Brand, zündet das Stroh ihres eignen Bettes an und kriecht zur Türe des Häuschens hinaus. Bald schlägt die Flamme aus dem Fenster, hinauf zum Dach, des Sturmes Odem facht hell lodernde Glut an, und: Feuer! Feuer! schreit es auf dem Eise, und die Zelte werden verlassen, die Schlittschuhläufer fliegen dem Strande zu, die Schlitten lenken sich heimwärts. Und da faucht schon der Wind über die Eisfläche, da pocht's schon drunten und poltert, und wie Kanonendonner kracht das Eis in der Feme. Die schwarze Wolke überzog den Mond und den ganzen Himmel, wie ein Leuchtturm flammt das Haus der Witwe und zeigt den Heimwärtseilenden die sichere Bahn. Wie die letzten am Strande sind, rollt die Flut ihre Wogen über das Eis und reißt Zelte und Tonnen, Wagen und Zechgeräte in ihre rauschenden Wirbel.

Die arme Alte hatte ihr Häuschen geopfert, die Bewohner ihrer Stadt zu retten. Es wird ihr ja wohl nicht unvergolten geblieben sein.

Wohlgetan und schlecht gelohnt

Es war einmal ein Mann, der wollte in den Wald fahren, um Holz zu holen. Da begegnete ihm ein Bär. »Gib mir dein Pferd her, sonst schlage ich im Sommer alle deine Schafe tot«, sagte der Bär.

»Ach Gott erbarm!« sagte der Mann, »ich habe kein Stückchen Holz mehr im Hause; du musst mich doch mit einer Fuhre Brennholz nach Hause fahren lassen, sonst werden wir noch völlig tot frieren; ich will dir morgen das Pferd bringen.«

Ja, das durfte er dann, darüber einigten sie sich; aber falls er nicht wiederkäme, solle er im Sommer alle Schafe verlieren, sagte der Bär.

Der Mann lud das Holz auf und fuhr langsam nach Hause; aber er freute sich gar nicht besonders über diesen Vertrag, das kann man verstehen. Da begegnete ihm ein Fuchs.

»Warum bist du denn so trübsinnig?« fragte der Fuchs.

»Ach, mir ist dort oben der Bär begegnet«, sagte der Mann, »und dem habe ich versprechen müssen, dass er morgen um diese Zeit mein Pferd haben soll; denn bekäme er es nicht, sagte er, so wolle er im Sommer alle meine Schafe zerreißen.«

»Pah, gibt's nichts Schlimmeres?« sagte der Fuchs. »Willst du mir deinen fettesten Bock geben, so will ich dich schon davon befreien.« Ja, das versprach er, und das wollte er auch halten, sagte der Mann. »Wenn du morgen mit deinem Pferd zu dem Bären kommst«, sagte der Fuchs, »dann werde ich oben auf dem Geröll jodeln, und wenn der Bär dich fragt, was das ist, dann musst du nur sagen, es ist

Peter der Schütze, der beste Schütze der Welt, und danach wirst du dir selber helfen müssen.«

Am nächsten Tag zog der Mann aus, und als er den Bären traf, fing es oben auf dem Geröll zu jodeln an.

»Scht, was ist das?« sagte der Bär.

»Ach, das ist Peter der Schütze, der beste Schütze der Welt«, sagte der Mann. »Ich kenne ihn an seiner Stimme.«

»Hast du einen Bären hier oben gesehen, Erich?« rief es im Wald. »Sag nein!« sagte der Bär.

»Nein, ich habe keinen Bären gesehen«, sagte Erich.

»Was ist denn das, was neben deinem Schlitten steht?« rief es im Wald. – »Sag, es ist ein alter Kienstamm«, flüsterte der Bär.

»Oh, es ist nur ein alter Kienstamm«, sagte Erich.

»Solche Kienstämme pflegen wir bei uns auf den Schlitten zu wälzen«, rief es oben im Wald, »schaffst du es nicht allein, so will ich zu dir kommen und dir helfen.«

»Sag, du kannst dir schon selber helfen, und wälze mich auf den Schlitten«, sagte der Bär.

»Nein, danke, ich kann mir schon selber helfen«, sagte der Mann und wälzte den Bären auf den Schlitten.

»Solche Kienstämme pflegen wir bei uns festzubinden«, rief es da oben im Wald. »Willst du Hilfe haben?« fragte es.

»Sag, du hilfst dir schon selber und binde mich fest!« sagte der Bär. »Nein, danke, ich kann mir schon selber helfen«, sagte der Mann und machte sich daran, den Bären mit allen Stricken, die er hatte, festzubinden, so dass er nicht einmal eine Tatze rühren konnte. »In solche Kienstämme pflegen wir bei uns die Axt zu hauen, wenn wir sie festgebunden haben«, rief es im Wald, »dann können wir an den großen Abhängen besser steuern.«

»Tue, als ob du die Axt in mich haust!« flüsterte der Bär.

Da nahm der Mann die Axt und spaltete dem Bären den Schädel, dass er auf der Stelle tot war; und er und der Fuchs waren Freunde und vertrugen sich gut, aber als sie in die Nähe des Hofes kamen, sagte der Fuchs: »Ich hätte schon Lust, mit dir hineinzugehen, aber ich mag deine Hunde nicht. Ich werde hier auf dich warten. Hole du jetzt den Bock; nimm aber einen, der fett ist.« Ja, das versprach der Mann und dankte für die Hilfe. Als er das Pferd in den Stall gebracht hatte, ging er zum Schafstall hin.

»Wo willst du hin?« fragte seine Frau.

»Ach, ich will in den Schafstall und einen fetten Bock für den guten Fuchs holen, der unser Pferd gerettet hat«, sagte der Mann, »denn das habe ich ihm versprochen.«

»Der Henker soll dem diebischen Fuchs einen Bock geben«, sagte die Frau. »Das Pferd haben wir ja und den Bären dazu, und der Fuchs hat uns wohl schon mehr Gänse gestohlen, als der Bock wert ist, und wenn er es nicht getan hat, so kann er es noch tun«, sagte sie. »Nein, nimm ein paar von den schärfsten Hunden in deinen Sack und hetze die auf ihn, dann werden wir vielleicht den schlimmen Dieb loswerden«, sagte die Frau.

Das schien nun dem Mann ein guter Rat, und er nahm zwei scharfe rote Hunde, steckte sie in den Sack und zog damit los.

»Hast du den Bock?« fragte der Fuchs.

»Ja, komm und nimm ihn«, sagte der Mann; er machte das Sackband auf und hetzte die Hunde auf ihn.

»Huch!« sagte der Fuchs und machte einen Sprung; »es ist wahr, was ein altes Sprichwort sagt: wohlgetan wird schlecht gelohnt, und nun sehe ich, dass es auch wahr ist; je enger die Verwandtschaft, desto ärger die Feindschaft«, sagte er – denn er spürte, dass die roten Hunde hinter ihm her waren.

Die drei Männlein im Walde

Es war ein Mann, dem starb seine Frau, und eine Frau, der starb ihr Mann; und der Mann hatte eine Tochter, und die Frau hatte auch eine Tochter. Die Mädchen waren miteinander bekannt und gingen zusammen spazieren und kamen hernach zu der Frau ins Haus.

Da sprach sie zu des Mannes Tochter: »Hör, sag deinem Vater, ich wollt ihn heiraten, dann sollst du jeden Morgen dich in Milch waschen und Wein trinken, meine Tochter aber soll sich in Wasser waschen und Wasser trinken.« Das Mädchen ging nach Haus und erzählte seinem Vater, was die Frau gesagt hatte. Der Mann sprach: »Was soll ich tun? Das Heiraten ist eine Freude und ist auch eine Qual.«

Endlich, weil er keinen Entschluss fassen konnte, zog er seinen Stiefel aus und sagte: »Nimm diesen Stiefel, der hat in der Sohle ein Loch, geh damit auf den Boden, häng ihn an den großen Nagel und gieß dann Wasser hinein. Hält er das Wasser, so will ich wieder eine Frau nehmen, läuft's aber durch, so will ich nicht.« Das Mädchen tat, wie ihm geheißen war: aber das Wasser zog das Loch zusammen, und der Stiefel ward voll bis obenhin.

Es verkündete seinem Vater, wie's ausgefallen war. Da stieg er selbst hinauf, und als er sah, dass es seine Richtigkeit hatte, ging er zu der Witwe und freite sie, und die Hochzeit ward gehalten.

Am andern Morgen, als die beiden Mädchen sich aufmachten, da stand vor des Mannes Tochter Milch zum Waschen und Wein zum Trinken, vor der Frau Tochter aber stand Wasser zum Waschen und Wasser zum Trinken. Am zweiten Morgen stand Wasser zum Waschen und Wasser zum Trinken so gut vor des Mannes Tochter als vor der Frau Tochter. Und am dritten Morgen stand Wasser zum Waschen und Wasser zum Trinken vor des Mannes Tochter, und Milch zum Waschen und Wein zum Trinken vor der Frau Tochter, und dabei blieb's. Die Frau ward ihrer Stieftochter spinnefeind und wusste nicht, wie sie es ihr von einem Tag zum andern schlimmer machen sollte. Auch war sie neidisch, weil ihre Stieftochter schön und lieblich war, ihre rechte Tochter aber hässlich und widerlich.

Einmal im Winter, als es steinhart gefroren hatte und Berg und Tal vollgeschneit lag, machte die Frau ein Kleid von Papier, rief das Mädchen und sprach: »Da zieh das Kleid an, geh hinaus in den Wald und hol mir ein Körbchen voll Erdbeeren; ich habe Verlangen danach.« »Du lieber Gott«, sagte das Mädchen, »im Winter wachsen ja keine Erdbeeren, die Erde ist gefroren, und der Schnee hat auch alles zugedeckt. Und warum soll ich in dem Papierkleide gehen? Es ist draußen so kalt, dass einem der Atem friert: da weht ja der Wind hindurch, und die Domen reißen mir's vom Leib.« »Willst du mir noch widersprechen?« sagte die Stiefmutter, »mach, dass du fortkommst, und lass dich nicht eher wieder sehen, als bis du das Körbchen voll Erdbeeren hast.« Dann gab sie ihm noch ein Stückchen hartes Brot und sprach: »Davon kannst du den Tag über essen«, und dachte »draußen wird's erfrieren und verhungern und mir nimmermehr wieder vor die Augen kommen.«

Nun war das Mädchen gehorsam, tat das Papierkleid an und ging mit dem Körbchen hinaus. Da war nichts als Schnee die Weite und Breite, und war kein grünes Hälmchen zu merken.

Als es in den Wald kam, sah es ein kleines Häuschen, daraus guckten drei kleine Haulemännerchen. Es wünschte ihnen die Tageszeit und klopfte bescheidentlich an die Tür. Sie riefen herein, und es trat in die Stube und setzte sich auf die Bank am Ofen, da wollte es sich wärmen und sein Frühstück essen. Die Haulemännerchen sprachen: »Gib uns auch etwas davon.« »Gerne«, sprach es, teilte sein Stückchen Brot entzwei und gab ihnen die Hälfte. Sie fragten: »Was willst du zur Winterzeit in deinem dünnen Kleidchen hier im Wald?« »Ach«, antwortete es, »ich soll ein Körbchen voll Erdbeeren suchen und darf nicht eher nach Hause kommen, als bis ich es mitbringe.«

Als es sein Brot gegessen hatte, gaben sie ihm einen Besen und sprachen: »Kehre damit an der Hintertüre den Schnee weg.« Wie es aber draußen war, sprachen die drei Männerchen untereinander: »Was sollen wir ihm schenken, weil es so artig und gut ist und sein Brot mit uns geteilt hat?« Da sagte der erste: »Ich schenk ihm, dass es jeden Tag schöner wird.« Der zweite sprach: »Ich schenk ihm, dass Goldstücke ihm aus dem Mund fallen, sooft es ein Wort spricht.« Der dritte sprach: »Ich schenk ihm, dass ein König kommt und es zu seiner Gemahlin nimmt.«

Das Mädchen aber tat, wie die Haulemännerchen gesagt hatten, kehrte mit dem Besen den Schnee hinter dem kleinen Hause weg, und was glaubt ihr wohl, dass es gefunden hat? Lauter reife Erdbeeren, die ganz dunkelrot aus dem Schnee hervorkamen. Da raffte es in seiner Freude sein Körbchen voll, dankte den kleinen Männern, gab jedem die Hand und lief nach Haus, und wollte der Stiefmutter das Verlangte bringen.

Wie es eintrat und »Guten Abend« sagte, fiel ihm gleich ein Goldstück aus dem Mund. Darauf erzählte es, was ihm im Walde begegnet war, aber bei jedem Worte, das es sprach, fielen ihm die Goldstücke aus dem Mund, so dass bald die ganze Stube damit bedeckt ward. »Nun sehe einer den

Übermut«, rief die Stiefschwester, »das Geld so hinzuwerfen«, aber heimlich war sie neidisch darüber und wollte auch hinaus in den Wald und Erdbeeren suchen. Die Mutter: »Nein, mein liebes Töchterchen, es ist zu kalt, du könntest mir erfrieren.« Weil sie ihr aber keine Ruhe ließ, gab sie endlich nach, nähte ihm einen prächtigen Pelzrock, den es anziehen musste, und gab ihm Butterbrot und Kuchen mit auf den Weg.

Das Mädchen ging in den Wald und gerade auf das kleine Häuschen zu. Die drei kleinen Haulemänner guckten wieder, aber es grüßte sie nicht, und ohne sich nach ihnen umzusehen und ohne sie zu grüßen, stolperte es in die Stube hinein, setzte sich an den Ofen und fing an, sein Butterbrot und seinen Kuchen zu essen. »Gib uns etwas davon«, riefen die Kleinen, aber es antwortete »Es schickt mir selber nicht, wie kann ich andern noch davon abgeben?«

Als es nun fertig war mit dem Essen, sprachen sie »Da hast du einen Besen, kehr uns draußen vor der Hintertür rein.« »Ei, kehrt euch selber«, antwortete es, »ich bin eure Magd nicht.« Wie es sah, dass sie ihm nichts schenken wollten, ging es zur Türe hinaus.

Da sprachen die kleinen Männer untereinander »Was sollen wir ihm schenken, weil es so unartig ist und ein böses neidisches Herz hat, das niemand etwas gönnt?« Der erste sprach »Ich schenk ihm, dass es jeden Tag hässlicher wird.« Der zweite sprach »Ich schenk ihm, dass ihm bei jedem Wort, das es spricht, eine Kröte aus dem Munde springt.« Der dritte sprach »Ich schenk ihm, dass es eines unglücklichen Todes stirbt.«

Das Mädchen suchte draußen nach Erdbeeren, als es aber keine fand, ging es verdrießlich nach Haus. Und wie es den Mund auftat und seiner Mutter erzählen wollte, was ihm im Walde begegnet war, da sprang ihm bei jedem Wort eine Kröte aus dem Mund, so dass alle einen Abscheu vor ihm bekamen.

Nun ärgerte sich die Stiefmutter noch viel mehr und dachte nur darauf, wie sie der Tochter des Mannes alles Herzeleid antun wollte, deren Schönheit doch alle Tage größer ward. Endlich nahm sie einen Kessel, setzte ihn zum Feuer und sott Garn darin. Als es gesotten war, hing sie es dem armen Mädchen auf die Schulter, und gab ihm eine Axt dazu, damit sollte es auf den gefrorenen Fluss gehen, ein Eisloch hauen und das Garn schlittern.

Es war gehorsam, ging hin und hackte ein Loch in das Eis, und als es mitten im Hacken war, kam ein prächtiger Wagen hergefahren, worin der König saß. Der Wagen hielt still und der König fragte »Mein Kind, wer bist du und was machst du da?« »Ich bin ein armes Mädchen und schlittere Garn.« Da fühlte der König Mitleiden, und als er sah, wie es so gar schön war, sprach er: »Willst du mit mir fahren?« »Ach ja, von Herzen gern«, antwortete es, denn es war froh, dass es der Mutter und Schwester aus den Augen kommen sollte. Also stieg es in den Wagen und fuhr mit dem König fort, und als sie auf sein Schloss gekommen waren, ward die Hochzeit mit großer Pracht gefeiert, wie es die kleinen Männlein dem Mädchen geschenkt hatten.

Über ein Jahr gebar die junge Königin einen Sohn, und als die Stiefmutter von dem großen Glücke gehört hatte, so kam sie mit ihrer Tochter in das Schloss und tat, als wollte sie einen Besuch machen.

Als aber der König einmal hinausgegangen und sonst niemand zugegen war, packte das böse Weib die Königin am Kopf, und ihre Tochter packte sie an den Füßen, hoben sie aus dem Bett und warfen sie zum Fenster hinaus in den vorbeifließenden Strom. Darauf legte sich ihre hässliche Tochter ins Bett, und die Alte deckte sie zu bis über den Kopf.

Als der König wieder zurückkam und mit seiner Frau sprechen wollte, rief die Alte »Still, still, jetzt geht das nicht, sie liegt in starkem Schweiß, Ihr müsst sie heute ruhen lassen.« Der König dachte nichts Böses dabei und kam erst am andern Morgen wieder, und wie er mit seiner Frau sprach, und sie ihm Antwort gab, sprang bei jedem Wort eine Kröte hervor, während sonst ein Goldstück herausgefallen war. Da fragte er, was das wäre, aber die Alte sprach, das hätte sie von dem starken Schweiß gekriegt, und würde sich schon wieder verlieren.

In der Nacht aber sah der Küchenjunge, wie eine Ente durch die Gosse geschwommen kam, die sprach:

»König, was machst du, schläfst du oder wachst du?«

Und als er keine Antwort gab, sprach sie:

»Was machen meine Gäste?«

Da antwortete der Küchenjunge:

»Sie schlafen feste!«

Fragte sie weiter:

»Was macht mein Kindelein?«

Antwortete er:

»Es schläft in der Wiege fein.«

Da ging sie in der Königin Gestalt hinauf, gab ihm zu trinken, schüttelte ihm sein Bettchen, deckte es zu und schwamm als Ente wieder durch die Gosse fort.

So kam sie zwei Nächte, in der dritten sprach sie zu dem Küchenjungen: »Geh und sage dem König, dass er sein Schwert nimmt und auf der Schwelle dreimal über mir schwingt.« Da lief der Küchenjunge und sagte es dem König, der kam mit seinem Schwert und schwang es dreimal über dem Geist: und beim drittenmal stand seine Gemahlin vor ihm, frisch, lebendig und gesund, wie sie vorher gewesen war.

Nun war der König in großer Freude, er hielt aber die Königin in einer Kammer verborgen bis auf den Sonntag, wo das Kind getauft werden sollte. Und als es getauft war, sprach er: »Was gehört einem Menschen, der den andern aus dem Bett trägt und ins Wasser wirft?« »Nichts Besseres«, antwortete die Alte, »als dass man den Bösewicht in ein Fass steckt, das mit Nägeln ausgeschlagen ist, und den Berg hinab ins Wasser rollt.« Da sagte der König: »Du hast dein Urteil gesprochen«, ließ ein solches Fass holen und die Alte mit ihrer Tochter hineinstecken, dann ward der Boden zugehämmert und das Fass bergab gekullert, bis es in den Fluss rollte.

Der harte Winter

Es war einmal ein unvernünftig kalter Winter, da gingen zwei gute Kameraden mit einander auf das Eis zum Schlittschuhlaufen. Nun waren aber hin und wieder Löcher in das Eis geschlagen, der Fische wegen; und als die beiden Schlittschuhläufer nun im vollen Zuge waren, versah's der eine, rutschte in ein Loch und traf so heftig mit dem Halse vor die scharfe Eiskante, dass der Kopf auf das Eis hinglitschte und der Rumpf ins Wasser fiel. Der Andere, schnell entschlossen, wollte seinen Kameraden nicht im Stiche lassen, zog ihn heraus, holte den Kopf und setzte ihn wieder gehörig auf, und weil es eine solch barbarische Kälte in dem Winter war, so fror der Kopf auch gleich wieder fest. Da freute sich der, dem das geschah, dass die Sache noch so glücklich abgelaufen war. Seine Kleider waren aber alle ganz nass geworden; darum so ging er mit seinem Kameraden in ein Wirtshaus, setzte sich neben den warmen Ofen, seine Kleider zu trocknen und ließ sich von dem Wirte einen Bittern geben. »Prost Kamerad!« sprach er und trank dem andern zu; »auf den Schreck können wir wohl einen nehmen.«

Nun hatte er sich durch das kalte Bad aber doch einen starken Schnupfen geholt, dass ihm die Nase lief. Da er sie nun zwischen die Finger klemmte, sich zu schnäuzen, behielt er seinen Kopf in der Hand, denn der war in der warmen Stube wieder losgetaut. Das war nun freilich für den armen Menschen recht fatal, und er meinte schon, dass er nun in der Welt nichts rechts mehr beginnen könnte; aber er wusste doch Rat zu schaffen, ging hin und ließ sich anstellen als Dielenträger, und war das eine gar schöne Arbeit für ihn, weil ihm dabei niemals der Kopf im Wege saß, wie andern Leuten, die auch Dielen tragen müssen.

Katze und Maus in Gesellschaft

Eine Katze hatte die Bekanntschaft einer Maus gemacht und ihr so viel von der großen Liebe und Freundschaft vorgesagt, die sie zu ihr trüge, dass die Maus endlich einwilligte, mit ihr zusammen in einem Haus zu wohnen und gemeinschaftliche Wirtschaft zu führen. »Aber für den Winter müssen wir Vorsorge tragen, sonst leiden wir Hunger«, sagte die Katze, »du, Mäuschen kannst dich nicht überall hinwagen und gerätst mir am Ende in eine Falle.« Der gute Rat ward also befolgt und ein Töpfchen mit Fett angekauft. Sie wussten aber nicht, wo sie es hinstellen sollten; endlich, nach langer Überlegung, sprach die Katze: »Ich weiß keinen Ort, wo es besser aufgehoben wäre, als die Kirche, da getraut sich niemand, etwas wegzunehmen; wir stellen es unter den Altar und rühren es nicht eher an, als bis wir nötig haben.«

Das Töpfchen ward also in Sicherheit gebracht, aber es dauerte nicht lange, so trug die Katze Gelüsten danach und sprach zur Maus: »Was ich dir sagen wollte, Mäuschen, ich bin von meiner Base zu Gevatter gebeten: sie hat ein Söhnchen zur Welt gebracht, weiß mit braunen Flecken, das soll ich über die Taufe halten. Lass mich heute ausgehen und besorge du das Haus allein.« – »Ja, ja«, antwortete die Maus, »geh in Gottes Namen, wenn du was Gutes isst, so denk an mich. Von dem süßen roten Kindbetterwein tränk ich auch gerne ein Tröpfchen.« Es war aber alles nicht wahr, die Katze hatte keine Base und war nicht zu Gevatter gebeten. Sie ging geradewegs nach der Kirche, schlich sich zu dem Fetttöpfchen, fing an zu lecken und leckte die fette Haut ab. Dann machte sie einen Spaziergang auf den Dächern der

Stadt, besah sich die Gelegenheit, streckte sich hernach in der Sonne aus und wischte sich den Bart, sooft sie an das Fetttöpfchen dachte. Erst als es Abend war, kam sie wieder nach Haus. »Nun, da bist du ja wieder«, sagte die Maus, »du hast gewiss einen lustigen Tag gehabt.« »Es ging wohl an«, antwortete die Katze. »Was hat denn das Kind für einen Namen bekommen?« fragte die Maus. – »Hautab«, sagte die Katze ganz trocken. »Hautab?« rief die Maus, »das ist ja ein wunderlicher und seltsamer Name, ist der in eurer Familie gebräuchlich?« – »Was ist da weiter«, sagte die Katze, »er ist nicht schlechter als Bröseldieb, wie deine Paten heißen.«

Nicht lange danach überkam die Katze wieder ein Gelüsten. Sie sprach zur Maus: »Du musst mir den Gefallen tun und nochmals das Hauswesen allein besorgen, ich bin zum zweitenmal zu Gevatter gebeten, und da das Kind einen weißen Ring um den Hals hat, so kann ich's nicht absagen.« Die gute Maus willigte ein; die Katze aber schlich hinter der Stadtmauer zu der Kirche und fraß den Fetttopf halb aus. »Es schmeckt nichts besser«, sagte sie, »als was man selber isst«, und war mit ihrem Tagewerk ganz zufrieden. Als sie heimkam, fragte die Maus: »Wie ist denn dieses Kind getauft worden?« – »Halbaus«, antwortete die Katze. »Halbaus! Was du sagst! Den Namen habe ich mein Lebtag noch nicht gehört, ich wette, der steht nicht in dem Kalender.«

Der Katze wässerte das Maul bald wieder nach dem Leckerwerk. »Aller guten Dinge sind drei«, sprach sie zu der Maus, »da soll ich wieder Gevatter stehen, das Kind ist ganz schwarz und hat bloß weiße Pfoten, sonst kein weißes Haar am ganzen Leib; das trifft sich alle paar Jahr nur einmal. Du lässt mich doch ausgehen?« – »Hautab! Halbaus!« antwortete die Maus, »es sind so kuriose Namen, die machen mich so nachdenklich.« – »Da sitzt du daheim in deinem dunkelgrauen Flausrock und deinem langen Haarzopf«, sprach die Katze, »und fängst Grillen, das kommt davon, wenn man bei Tage nicht ausgeht.« Die Maus räumte während der Abwesenheit der Katze auf und brachte das Haus in Ordnung. Die naschhafte Katze aber fraß den Fetttopf rein aus. »Wenn erst alles aufgezehrt ist, so hat man Ruhe«, sagte sie zu sich selbst und kam satt und dick erst in der Nacht nach Haus. Die Maus fragte gleich nach dem Namen, den das dritte Kind bekommen hätte. »Er wird dir wohl auch nicht gefallen«, sagte die Katze, »er heißt Ganzaus.« – »Ganzaus!« rief die Maus, »das ist der allerbedenklichste Name, gedruckt ist er mir noch nicht vorgekommen. Ganzaus! Was soll das bedeuten?« Sie schüttelte den Kopf, rollte sich zusammen und legte sich schlafen.

Von nun an wollte niemand mehr die Katze zu Gevatter bitten, als aber der Winter herangekommen und draußen nichts mehr zu finden war, gedachte die Maus ihres Vorrats und sprach: »Komm, Katze, wir wollen zu unserem Fetttopfe gehen, den wir uns aufgespart haben, der wird uns schmecken.« – »Jawohl«, antwortete die Katze, »der wird dir schmecken, als wenn du deine feine Zunge zum Fenster hinausstreckst.« Sie machten sich auf den Weg, und als sie anlangten, stand zwar der Fetttopf noch an seinem Platz, er war aber leer. »Ach«, sagte die Maus, »jetzt merke ich, was geschehen ist, jetzt kommt's an den Tag, du bist mir die wahre Freundin! Aufgefressen hast du alles, wie du zu Gevatter gestanden hast: erst Haut ab, dann halb aus, dann …« – »Willst du schweigen!« rief die Katze, »noch ein Wort, und ich fresse dich auf!« »Ganz aus«, hatte die arme Maus schon auf der Zunge, kaum war es heraus, so tat die Katze einen Satz nach ihr, packte sie und schluckte sie hinunter. Siehst du, so geht's in der Welt.

Der selbstsüchtige Riese

An jedem Nachmittag, wenn die Kinder aus der Schule kamen, gingen sie in den Garten des Riesen und spielten da.

Es war ein großer hübscher Garten mit weichem grünem Gras. Hier und da auf dem Rasen standen schöne Blumen wie Sterne, und da waren auch zwölf Pfirsichbäume, die im Frühling zartrosa und perlweiß blühten und im Herbst reiche Früchte trugen. Die Vögel saßen auf den Bäumen und sangen so süß, dass die Kinder immer wieder in ihren Spielen innehielten, um zu lauschen. »Wie glücklich wir hier doch sind!« riefen sie einander zu.

Eines Tages kam der Riese nach Hause. Er war auf Besuch bei seinem Freund, dem gehörnten Menschenfresser gewesen und sieben Jahre bei ihm geblieben. Als die sieben Jahre um waren, war alles gesagt, was er ihm zu sagen hatte, denn sein Gesprächsstoff war sehr beschränkt, und so beschloss er, auf sein eigenes Schloss zurückzukehren. Als er nach Hause kam, sah er die Kinder in seinem Garten spielen. »Was tut ihr hier?« rief er sehr mürrisch, und die Kinder liefen weg. »Mein Garten, das ist mein Garten«, sagte der Riese, »das sieht jeder ein, und ich erlaube niemandem sonst, darin zu spielen als mir selber.« Also baute er eine mächtige Mauer ringsum und stellte eine Warntafel auf:

UNBEFUGTES BETRETEN DIESES
GRUNDSTÜCKS IST BEI STRAFE VERBOTEN!

Es war ein sehr selbstsüchtiger Riese.

Die armen Kinder hatten jetzt nichts mehr, wo sie spielen konnten. Sie versuchten es auf der Landstraße, aber die

Landstraße war sehr staubig und steinig, und sie mochten sie nicht leiden. So gingen sie also, wenn die Schule aus war, um die große Mauer herum und sprachen von dem schönen Garten dahinter. »Wie glücklich waren wir da«, sagten sie zueinander. Dann kam der Frühling, und über der ganzen Gegend waren kleine Blüten und kleine Vögel. Bloß in dem Garten des selbstsüchtigen Riesen blieb es Winter. Die Vögel machten sich nichts daraus, darin zu singen, weil keine Kinder da waren, und die Bäume vergaßen zu blühen. Einmal steckte eine schöne Blume ihr Köpfchen aus dem Gras hervor, aber als sie die Warntafel sah, war sie so betrübt wegen der Kinder, dass sie wieder in den Boden hineinschlüpfte und weiterschlief. Die einzigen Leute, die sich freuten, waren der Schnee und der Frost. »Der Frühling hat diesen Garten vergessen«, riefen sie, »so wollen wir hier das ganze Jahr hindurch leben.« Der Schnee bedeckte das Gras mit seinem großen weißen Mantel, und der Frost bemalte alle Bäume silberweiß. Dann luden sie den Nordwind ein, bei ihnen zu wohnen, und er kam. Er war ganz in Pelze eingehüllt und brüllte den ganzen Tag durch den Garten und blies die Schornsteine herunter. »Das ist ein ganz herrlicher Platz«, sagte er, »wir müssen den Hagel auf eine Visite bitten.« Und so kam der Hagel. Jeden Tag prasselte er drei Stunden lang auf das Schlossdach herunter, bis er fast alle Schieferplatten zerbrochen hatte, und dann lief er rund um den Garten, so schnell er nur konnte. Er war ganz grau angezogen, und sein Atem war wie Eis.

»Ich verstehe nicht, warum der Frühling so spät kommt«, sagte der selbstsüchtige Riese, als er am Fenster saß und auf seinen kalten weißen Garten hinuntersah. »Ich hoffe, das Wetter ändert sich bald.« Aber der Frühling kam nie und auch nicht der Sommer. Der Herbst gab jedem Garten goldene Früchte, aber dem Garten des Riesen gab er keine.

»Er ist zu selbstsüchtig«, sagte der Herbst. So war es da immer Winter, und der Nordwind und der Hagel und der Frost und der Schnee tanzten um die Bäume.

Eines Morgens lag der Riese wach im Bett, als er eine liebliche Musik vernahm. Es klang so süß in seine Ohren, dass er dachte, die Musikanten des Königs zögen vorüber. Aber es war bloß ein kleiner Hänfling, der vor seinem Fenster sang. Nur hatte er so lange keinen Vogel mehr in seinem Garten singen hören, dass es ihm wie die schönste Musik der Welt vorkam. Da hörte der Hagel auf, über seinem Kopf zu tanzen, und der Nordwind hörte auf zu blasen, und ein köstlicher Duft kam zu ihm durch den geöffneten Fensterflügel. »Ich glaube, der Frühling ist endlich gekommen«, sagte der Riese; und er sprang aus dem Bett und schaute hinaus.

Und was sah er?

Er sah etwas ganz Wunderbares. Durch ein kleines Loch in der Mauer waren die Kinder hereingekrochen und saßen in den Zweigen der Bäume. In jedem Baum, den er sehen konnte, saß ein kleines Kind. Und die Bäume waren so froh, die Kinder wieder bei sich zu haben, dass sie sich ganz mit Blüten bedeckt hatten und ihre Arme anmutig über den Köpfen der Kinder bewegten. Die Vögel flogen umher und zwitscherten vor Entzücken, und die Blumen guckten aus dem grünen Gras hervor und lachten. Es war entzückend anzusehen, und nur in einem Winkel war es noch Winter, und dort stand ein kleiner Junge. Er war so klein, dass er nicht an die Äste hinaufreichen konnte, und er lief immer um den Baum herum und weinte bitterlich. Der arme Baum war noch ganz bedeckt mit Frost und Schnee, und der Nordwind blies und heulte über ihm. »Klettere herauf, kleiner Junge«, sagte der Baum und senkte seine Äste so tief er konnte, aber der Junge war zu klein. Als er das sah, wurde des Riesen Herz weich. »Wie selbstsüchtig ich doch war!« sagte er; »jetzt weiß ich, weshalb der Frühling nicht hierher kommen wollte. Ich will dem armen kleinen Jungen auf den Baumwipfel helfen, und dann will ich die Mauer umwerfen, und mein Garten soll für alle Zeit der Spielplatz der Kinder sein.« Er war wirklich sehr betrübt über das, was er getan hatte.

So schlich er hinunter und öffnete ganz leise das Tor und trat in den Garten. Aber als die Kinder ihn sahen, erschraken sie so, dass sie alle wegliefen, und im Garten wurde es wieder Winter. Bloß der kleine Junge lief nicht weg, denn seine Augen waren so voll Tränen, dass er den Riesen nicht kommen sah. Und der Riese kam leise hinter ihm heran, nahm ihn zärtlich auf seine Hand und setzte ihn hinauf in den Baum. Und sogleich fing der Baum zu blühen an, und die Vögel kamen und sangen in ihm, und der kleine Junge breitete seine Ärmchen aus, schlang sie um den Hals des Riesen und küsste ihn auf den Mund. Und als die anderen Kinder sahen, dass der Riese nicht mehr böse war, kamen sie schnell zurückgelaufen, und mit ihnen kam auch der Frühling. »Der Garten gehört jetzt euch, Kinderlein«, sagte der Riese, und er nahm eine große Axt und hieb die Mauer um. Und als die Leute um zwölf Uhr zum Markt gingen, sahen sie den Riesen mit den Kindern spielen, in dem schönsten Garten, den sie je geschaut hatten.

Den ganzen Tag spielten sie, und am Abend kamen sie zum Riesen und wünschten ihm eine gute Nacht.

»Aber wo ist denn euer kleiner Kamerad?« fragte er, »der Junge, dem ich auf den Baum geholfen habe?« Der Riese liebte ihn am meisten, weil der ihn geküsst hatte.

»Wir wissen es nicht«, antworteten die Kinder, »er ist fortgegangen.«

»Ihr müsst ihm sagen, er soll sicher morgen wiederkommen«, sagte der Riese. Aber die Kinder antworteten, sie wüssten nicht, wo er wohne, und sie hätten ihn zuvor nie gesehen; da wurde der Riese sehr traurig.

Jeden Nachmittag nach Schluss der Schule kamen die Kinder und spielten mit dem Riesen. Aber der kleine Knabe, den der Riese so liebte, ließ sich nie mehr sehen. Der Riese war sehr gut mit den Kindern, aber er sehnte sich nach seinem kleinen Freunde und sprach oft von ihm. »Wie gern möcht' ich ihn wiedersehn!« sagte er immer und immer.

Jahre vergingen, und der Riese wurde sehr alt und schwach. Er konnte nicht mehr unten mit den Kindern spielen, und so saß er in seinem mächtigen Armstuhl und sah ihnen zu und freute sich an seinem Garten. »Ich habe viele schöne Blumen«, sagte er; »aber die allerschönsten Blumen von allen sind die Kinder.« An einem Wintermorgen sah er beim Ankleiden aus seinem Fenster. Jetzt hasste er den Winter nicht mehr, denn er wusste, dass der Frühling nur schlief und die Blumen sich ausruhten. Plötzlich rieb er sich verwundert die Augen und schaute und schaute. Es war wirklich ein wundersamer Anblick. Im fernsten Winkel des Gartens war ein Baum ganz bedeckt mit lieblichen weißen Blüten. Seine Äste waren lauter Gold, und silberne Früchte hingen an ihnen, und darunter stand der kleine Knabe, den er so geliebt hatte.

Hocherfreut eilte der Riese die Treppe hinunter und in den Garten. Er lief über den Rasen auf das Kind zu. Und als er ihm ganz nahe gekommen war, wurde sein Gesicht rot vor Zorn und er sagte: »Wer hat es gewagt, dich zu verwunden?« Denn an den Handflächen des Kindes waren Male von zwei Nägeln, und Male von zwei Nägeln waren an den kleinen Füßen. »Wer hat es gewagt, dich zu verwunden?« rief der

Riese; »sag es mir, damit ich mein großes Schwert nehme und ihn erschlage.«

»Ach nein«, antwortete das Kind; »dies sind die Wunden der Liebe.«

»Wer bist du?« sagte der Riese, und eine seltsame Scheu überkam ihn, und er kniete nieder vor dem kleinen Kinde.

Und das Kind lächelte den Riesen an und sprach zu ihm: »Du ließest mich einst in deinem Garten spielen, heute sollst du mit mir in meinen Garten kommen, das ist das Paradies.«

Und als die Kinder an diesem Nachmittag hereinstürmten, da fanden sie den Riesen tot unter dem Baume liegen und er war ganz bedeckt mit weißen Blüten.

Das goldene Kegelspiel

Vor langen Jahren hauste einmal auf dem Schauenforste ein gottloser böser Ritter, der die Bauern arg bedrückte und quälte und Reisende und Wanderer überfiel und beraubte und weit und breit im Umkreise gefürchtet wurde.

Nun war einmal ein sehr harter Winter gewesen und die Menge Schnee, die plötzlich schmolz, hatte Flüsse und Bäche ringsum austreten lassen und durch eine schreckliche Überschwemmung die ganze Ernte der armen Bauern vernichtet. Dennoch verlangte der grausame Burgherr nach wie vor zur bestimmten Stunde die drückenden Abgaben bei Heller und Pfennig, und obgleich er die große Not und das Elend seiner armen Untertanen wohl sah, ließ er sich doch von keiner Bitte rühren, sondern nahm dem, der ihm nicht zur rechten Zeit Alles bezahlen konnte, Haus und Hof und die letzte Kuh und das letzte Stück Hausgeräte weg und ließ Alles hinauf in die Burg schaffen. Von dem Blutgelde aber ließ er sich ein goldnes Kegelspiel mit silbernen Kugeln machen, um sich damit nach seinen Schmausereien und Trinkgelagen zu belustigen. Da tat einmal ein alter Mann, dem der Hartherzige alle seine Habe genommen hatte, den schweren Fluch, dass der grausame Ritter zur Strafe für seinen Übermut bis zum jüngsten Tage mit den goldnen Kegeln spielen solle, und unser Herrgott erfüllte des Alten Fluch und lässt nun den grausamen Burgherrn bis ans Ende der Welt im Innern des Schauenforstes mit den Kegeln spielen. Davon kommt das wunderliche Kollern und Rollen, was man bei schwülen, stillen Nächten in den Eingeweiden des Berges hört.

Das Posthorn

Es war einmal ein sehr kalter Winter, da fuhr ein Postillion auf dem Schwarzwalde in einem Hohlwege und sah einen Wagen auf sich zukommen, nahm sein Horn und wollte dem Fuhrmann ein Zeichen geben, dass er stillhalte und ihn erst vorbeilasse; allein der Postillion mochte sich anstrengen wie er wollte, er konnte doch keinen einzigen Ton aus dem Horne hervorbringen. Deshalb kam der andre Wagen immer tiefer in den Hohlweg hinein, und da keiner von beiden mehr ausweichen konnte, so fuhr der Postillion geradewegs über den andern Wagen hinweg. Damit aber dergleichen Unbequemlichkeiten nicht noch einmal vorkommen möchten, so nahm er alsbald wieder sein Horn zur Hand und blies alle Lieder hinein, die er nur wusste; denn er meinte, das Horn sei zugefroren und er wollte es durch seinen warmen Atem wieder auftauen. Allein es half alles nichts; es war so kalt, dass kein Ton wieder herauskam.

Endlich gegen Abend kam der Postillion in das Dorf, wo ausgespannt wurde und wo ein andrer Knecht ihn ablöste. Da ließ er sich einen Schoppen Wein geben, um sich zu erwärmen; weil aber in dem Wirtshause gerade eine Hochzeit gefeiert wurde und die Stube von Gästen ganz voll war, so begab er sich mit seinem Wein in die Küche, setzte sich auf den warmen Feuerherd, hing sein Horn auf einen Nagel an die Wand und unterhielt sich mit der Köchin. Auf einmal aber erschrak er ordentlich, als das Posthorn von selbst an zu blasen anfing. Da blies es zuerst einige Male das Zeichen, das die Postillione gewöhnlich geben, wenn jemand ausweichen soll; dann aber auch alle Lieder, die er unterwegs hineingehaucht hatte und die darin festgefroren waren, und die jetzt an der warmen Wand alle nacheinander wieder auftauten und herauskamen, z.B. »Schier dreißig Jahre bist du alt u.s.w.« »Du, du liegst mir am Herzen« »Mädle, ruck ruck ruck« und andere Schelmenlieder. Zuletzt auch noch der Choral: »Nun ruhen alle Wälder«, denn dies war das letzte Lied, welches der Postillion hineingeblasen hatte.

Schneeweisschen und Rosenrot

Eine arme Witwe, die lebte einsam in einem Hüttchen, und vor dem Hüttchen war ein Garten, darin standen zwei Rosenbäumchen, davon trug das eine weiße, das andere rote Rosen; und sie hatte zwei Kinder, die glichen den Rosenbäumchen, und das eine hieß Schneeweißchen, das andere Rosenrot. Sie waren aber so fromm und gut, so arbeitsam und unverdrossen, als je zwei Kinder auf der Welt gewesen sind. Schneeweißchen war nur stiller und sanfter als Rosenrot. Rosenrot sprang lieber in den Wiesen und Feldern umher, suchte Blumen und fing Sommervögel; Schneeweißchen aber saß daheim bei der Mutter, half ihr im Hauswesen oder las ihr vor, wenn nichts zu tun war. Die beiden Kinder hatten einander so lieb, dass sie sich immer an den Händen fassten, sooft sie zusammen ausgingen, und wenn Schneeweißchen sagte: »Wir wollen uns nicht verlassen«, so antwortete Rosenrot: »Solange wir leben nicht«, und die Mutter setzte hinzu: »Was das eine hat, soll's mit dem andern teilen.« Oft liefen sie im Walde allein umher und sammelten rote Beeren, aber kein Tier tat ihnen etwas zuleide, sondern sie kamen vertraulich herbei: das Häschen fraß ein Kohlblatt aus ihren Händen, das Reh graste an ihrer Seite, der Hirsch sprang ganz lustig vorbei, und die Vögel blieben auf den Ästen sitzen und sangen, was sie nur wussten. Kein Unfall traf sie; wenn sie sich im Walde verspätet hatten und die Nacht sie überfiel, so legten sie sich nebeneinander auf das Moos und schliefen, bis der Morgen kam, und die Mutter wusste das und hatte ihretwegen keine Sorge. Einmal, als sie im Walde übernachtet hatten und das Morgenrot sie aufweckte, da sahen sie ein schönes Kind in einem weißen, glänzenden Kleidchen neben ihrem Lager sitzen. Es stand auf und blickte sie ganz freundlich an, sprach aber nichts und ging in den Wald hinein. Und als sie sich umsahen, so hatten sie ganz nahe bei einem Abgrunde geschlafen und wären gewiss hinab gefallen, wenn sie in der Dunkelheit noch ein paar Schritte weitergegangen wären. Die Mutter aber sagte ihnen, das müsste der Engel gewesen sein, der gute Kinder bewache.

Schneeweißchen und Rosenrot hielten das Hüttchen der Mutter so reinlich, dass es eine Freude war, hineinzuschauen. Im Sommer besorgte Rosenrot das Haus und stellte der Mutter jeden Morgen, ehe sie aufwachte, einen Blumenstrauß vors Bett, darin war von jedem Bäumchen eine Rose. Im Winter zündete Schneeweißchen das Feuer an und hängte den Kessel an den Feuerhaken, und der Kessel war von Messing, glänzte aber wie Gold, so rein war er gescheuert. Abends, wenn die Flocken fielen, sagte die Mutter: »Geh, Schneeweißchen, schieb den Riegel vor«, und dann setzten sie sich an den Herd, und die Mutter nahm die Brille und las aus einem großen Buche vor, und die beiden Mädchen hörten zu, saßen und spannen; neben ihnen lag ein Lämmchen auf dem Boden, und hinter ihnen, auf einer Stange, saß ein weißes Täubchen und hatte seinen Kopf unter den Flügel gesteckt.

Eines Abends, als sie so vertraulich beisammen saßen, klopfte jemand an der Türe, als wollte er eingelassen sein. Die Mutter sprach: »Geschwind, Rosenrot, mach auf, es wird ein Wanderer sein, der Obdach sucht.« Rosenrot ging und schob den Riegel weg und dachte, es wäre ein armer Mann; aber der war es nicht, es war ein Bär, der seinen dicken, schwarzen Kopf zur Türe hereinstreckte. Rosenrot schrie laut und sprang zurück, das Lämmchen blökte, das Täubchen flatterte auf, und Schneeweißchen versteckte sich hinter der Mutter Bett. Der Bär aber fing zu sprechen an und sagte: »Fürchtet euch nicht, ich tue euch nichts zuleide, ich bin halb erfroren und will mich nur ein wenig bei euch wärmen.« – »Du armer Bär«, sprach die Mutter, »leg dich ans Feuer und gib nur acht, dass dir dein Pelz nicht brennt.« Dann rief sie: »Schneeweißchen, Rosenrot, kommt hervor, der Bär tut euch nichts, er meint's ehrlich.« Da kamen sie beide heran, und nach und nach näherten sich auch das Lämmchen und Täubchen und hatten keine Furcht vor ihm. Der Bär sprach: »Ihr Kinder, klopft mir den Schnee ein wenig aus dem Pelzwerk«, und sie holten den Besen und kehrten dem Bär das Fell rein; er streckte sich ans Feuer und brummte ganz vergnügt und behaglich. Nicht lange, so wurden sie ganz vertraut und trieben Mutwillen mit dem unbeholfenen Gast. Sie zausten ihm das Fell mit den Händen, setzten ihre Füßchen auf seinen Rücken und walgerten ihn hin und her, oder sie nahmen eine Haselrute und schlugen auf ihn los, und wenn er brummte, so lachten sie. Der Bär ließ sich's aber gerne gefallen, nur wenn sie's gar zu arg machten, rief er: »Lasst mich am Leben, ihr Kinder:

»Schneeweißchen, Rosenrot,
Schlägst dir deinen Freier tot!«

Als Schlafenszeit war, und die andern zu Bett gingen, sagte die Mutter zu dem Bär: »Du kannst in Gottes Namen da am Herde liegen bleiben, so bist du vor Kälte und dem bösen Wetter geschützt.« Sobald der Tag graute, ließen ihn die beiden Kinder hinaus, und er trabte über den Schnee in den Wald hinein. Von nun an kam der Bär jeden Abend zu der bestimmten Stunde, legte sich an den Herd und erlaubte den Kindern, Kurzweil mit ihm zu treiben, soviel sie wollten; und sie waren so gewöhnt an ihn, dass die Türe nicht eher zugemacht ward, als bis der schwarze Gesell angelangt war.

Als das Frühjahr herangekommen und draußen alles grün war, sagte der Bär eines Morgens zu Schneeweißchen: »Nun muss ich fort und darf den ganzen Sommer nicht wiederkommen.« – »Wo gehst du denn hin, lieber Bär?« fragte Schneeweißchen. »Ich muss in den Wald und meine Schätze vor den bösen Zwergen hüten; im Winter, wenn die Erde hartgefroren ist, müssen sie wohl unten bleiben und können sich nicht durcharbeiten, aber jetzt, wenn die Sonne die Erde aufgetaut und erwärmt hat, da brechen sie durch, steigen herauf, suchen und stehlen. Was einmal in ihren Händen ist und in ihren Höhlen liegt, das kommt so leicht nicht wieder an des Tages Licht.« Schneeweißchen war ganz traurig über den Abschied, und als es ihm die Türe aufriegelte und der Bär sich hinausdrängte, blieb er an dem Türhaken hängen und ein Stück seiner Haut riss auf, und da war es Schneeweißchen, als hätte es Gold durchschimmern gesehen; aber es war seiner Sache nicht gewiss. Der Bär lief eilig fort und war bald hinter den Bäumen verschwunden.

Nach einiger Zeit schickte die Mutter die Kinder in den Wald, Reisig zu sammeln. Da fanden sie draußen einen großen Baum, der lag gefällt auf dem Boden, und an dem Stamme sprang zwischen dem Gras etwas auf und ab, sie konnten aber nicht unterscheiden, was es war. Als sie näher kamen, sahen sie einen Zwerg mit einem alten, verwelkten Gesicht und einem ellenlangen schneeweißen Bart. Das Ende des Bartes war in eine Spalte des Baumes eingeklemmt, und der Kleine sprang hin und her wie ein Hündchen an einem Seil und wusste nicht, wie er sich helfen sollte. Er glotzte die Mädchen mit seinen roten, feurigen Augen an und schrie: »Was steht ihr da! Könnt ihr nicht herbeigehen und mir Beistand leisten?« – »Was hast du angefangen, kleines Männchen?« fragte Rosenrot. »Dumme, neugierige Gans«, antwortete der Zwerg, »den Baum habe ich mir spalten wollen, um kleines Holz in der Küche zu haben; bei den dicken Klötzen verbrennt gleich das bisschen Speise, das unsereiner braucht, der nicht so viel hinunterschlingt wie ihr grobes, gieriges Volk. Ich hatte den Keil schon glücklich hineingetrieben, und es wäre alles nach Wunsch gegangen, aber das verwünschte Holz war zu glatt und sprang unversehens heraus, und der Baum fuhr so geschwind zusammen, dass ich meinen schönen weißen Bart nicht mehr herausziehen konnte; nun steckt er drin, und ich kann nicht fort. Da lachen die albernen glatten Milchgesichter! Pfui, was seid ihr garstig!« Die Kinder gaben sich alle Mühe, aber sie konnten den Bart nicht herausziehen, er steckte zu fest. »Ich will rasch laufen und Leute herbeiholen«, sagte Rosenrot.

»Wahnsinnige Schafsköpfe«, schnarrte der Zwerg, »wer wird gleich Leute herbeirufen, ihr seid mir schon um zwei zuviel; fällt euch nichts Besseres ein?« – »Sei nur nicht ungeduldig«, sagte Schneeweißchen, »ich will schon Rat schaffen«, holte sein Scherchen aus der Tasche und schnitt das Ende des Bartes ab. Sobald der Zwerg sich frei fühlte, griff er nach seinem Sack, der zwischen den Wurzeln des Baumes steckte und mit Gold gefüllt war, hob ihn heraus und brummte vor sich hin: »Ungehobeltes Volk, schneidet mir ein Stück von meinem stolzen Barte ab! Lohn's euch der Kuckuck!« Damit schwang er seinen Sack auf den Rücken und ging fort, ohne die Kinder nur noch einmal anzusehen.

Einige Zeit danach wollten Schneeweißchen und Rosenrot ein Gericht Fische angeln. Als sie nahe bei dem Bach waren, sahen sie, dass etwas wie eine große Heuschrecke nach dem Wasser zu hüpfte, als wollte es hineinspringen. Sie liefen heran und erkannten den Zwerg. »Wo willst du hin?« sagte Rosenrot, »du willst doch nicht ins

Wasser?« – »Solch ein Narr bin ich nicht«, schrie der Zwerg, »seht ihr nicht, der verwünschte Fisch will mich hineinziehen!« Der Kleine hatte da gesessen und geangelt, und unglücklicherweise hatte der Wind seinen Bart mit der Angelschnur verflochten; als gleich darauf ein großer Fisch anbiss, fehlten dem schwachen Geschöpf die Kräfte, ihn herauszuziehen: der Fisch behielt die Oberhand und riss den Zwerg zu sich hin. Zwar hielt er sich an allen Halmen und Binsen, aber das half nicht viel, er musste den Bewegungen des Fisches folgen und war in beständiger Gefahr, ins Wasser gezogen zu werden. Die Mädchen kamen zur rechten Zeit, hielten ihn fest und versuchten, den Bart von der Schnur loszumachen, aber vergebens: Bart und Schnur waren fest ineinander verwirrt. Es blieb nichts übrig, als das Scherchen hervorzuholen und den Bart abzuschneiden, wobei ein kleiner Teil desselben verloren ging. Als der Zwerg das sah, schrie er sie an: »Ist das Manier, ihr Lurche, einem das Gesicht zu schänden? Nicht genug, dass ihr mir den Bart unten abgestutzt habt, jetzt schneidet ihr mir den besten Teil davon ab; ich darf mich vor den Meinigen gar nicht sehen lassen. Dass ihr laufen müsstet und die Schuhsohlen verloren hättet!« Dann holte er einen Sack Perlen, der im Schilfe lag, und ohne ein Wort weiter zu sagen, schleppte er ihn fort und verschwand hinter einem Stein.

Es trug sich zu, dass bald hernach die Mutter die beiden Mädchen nach der Stadt schickte, Zwirn, Nadeln, Schnüre und Bänder einzukaufen. Der Weg führte sie über eine Heide, auf der hie und da mächtige Felsenstücke verstreut lagen. Da sahen sie einen großen Vogel in der Luft schweben, der langsam über ihnen kreiste, sich immer tiefer herabsenkte und endlich nicht weit bei einem Felsen niederstieß. Gleich darauf hörten sie einen durchdringenden, jämmerlichen Schrei. Sie liefen herzu und sahen mit Schrecken, dass der Adler ihren alten Bekannten, den Zwerg, gepackt hatte und ihn forttragen wollte. Die mitleidigen Kinder hielten gleich das Männchen fest und zerrten sich so lange mit dem Adler herum, bis er seine Beute fahren ließ. Als der Zwerg sich von seinem ersten Schrecken erholt hatte, schrie er mit seiner kreischenden Stimme: »Konntet ihr nicht säuberlicher umgehen? Gerissen habt ihr an meinem dünnen Röckchen, dass es überall zerfetzt und durchlöchert ist, unbeholfenes und täppisches Gesindel, das ihr seid!« Dann nahm er einen Sack mit Edelsteinen und schlüpfte wieder unter den Felsen in seine Höhle. Die Mädchen waren an seinen Undank schon gewöhnt, setzten ihren Weg fort und verrichteten ihr Geschäft in der Stadt. Als sie beim Heimweg wieder auf die Heide kamen, überraschten sie den Zwerg, der auf einem reinlichen Plätzchen seinen Sack mit Edelsteinen ausgeschüttet und nicht gedacht hatte, dass so spät noch jemand daherkommen würde. Die Abendsonne schien über die glänzenden Steine, sie schimmerten und leuchteten so prächtig in allen Farben, dass die Kinder stehen blieben und sie betrachteten. »Was steht ihr da und habt Maulaffen feil!« schrie der Zwerg, und sein aschgraues Gesicht war zinnoberrot vor Zorn. Er wollte mit seinen Scheltworten fortfahren, als sich ein lautes Brummen hören ließ und ein schwarzer Bär aus dem Walde herbeitrabte. Erschrocken sprang der Zwerg auf, aber er konnte nicht mehr zu seinem Schlupfwinkel gelangen, der Bär war schon in seiner Nähe. Da rief er in Herzensangst: »Lieber Herr Bär, verschont mich, ich will Euch alle meine Schätze geben, sehet, die schönen Edelsteine, die da liegen. Schenkt mir das Leben, was habt Ihr an mir kleinem, schmächtigem Kerl? Ihr spürt mich nicht zwischen den Zähnen; da, die beiden gottlosen Mädchen packt, das sind für Euch zarte Bissen, fett wie junge Wachteln, die fresst in Gottes Namen.« Der Bär aber kümmerte sich um die Worte des Zwerges nicht, sondern gab dem boshaften Geschöpf einen einzigen Schlag mit seiner mächtigen Tatze, und es regte sich nicht mehr.

Die Mädchen waren fortgesprungen, aber der Bär rief ihnen nach: »Schneeweißchen und Rosenrot, fürchtet euch nicht, wartet, ich will mit euch gehen!« Da erkannten sie seine Stimme und blieben stehen, und als der Bär bei ihnen war, fiel plötzlich die Bärenhaut ab, und er stand da als ein schöner Mann und war ganz in Gold gekleidet. »Ich bin eines Königs Sohn«, sprach er, »und war von dem gottlosen Zwerg, der mir meine Schätze gestohlen hatte, verwünscht, als ein wilder Bär in dem Walde zu laufen, bis ich durch seinen Tod erlöst wurde. Jetzt hat er seine wohlverdiente Strafe empfangen.«

Schneeweißchen ward mit ihm vermählt und Rosenrot mit seinem Bruder, und sie teilten die großen Schätze miteinander, die der Zwerg in seiner Höhle zusammengetragen hatte. Die alte Mutter lebte noch lange Jahre ruhig und glücklich bei ihren Kindern. Die zwei Rosenbäumchen aber nahm sie mit, und sie standen vor ihrem Fenster und trugen jedes Jahr die schönsten Rosen, weiß und rot.

Die Spinnerin im Mond

In einem Dorfe bei Salzwedel, es könnte Wiebelitz gewesen sein, lebte ein altes armes Weiblein, hatte eine einzige Tochter, die hieß Marie, und das war gar ein geschicktes Kind und half der Mutter mühelos über die Armut hinweg. Marie konnte täglich beinahe zwei Zahlen Garn spinnen, und ihr Faden war unvergleichlich gleich und fein. Aber so fleißig die Marie war, so lebensfroh war sie und in der Spinnenkoppel (Spinnstube) stetig die Lustigste, zumal wenn die Rädlein beiseite gesetzt wurden und der Tanz anging, der spät genug aufhörte. Der Mutter war das gar nicht lieb, dass das Töchterlein des öfteren bis nach Mitternacht umhertollte und ihre Ermahnungen sich so gar wenig zu Herzen nahm.

Nun war wieder ein Winter fast zu Ende, und Marie war der Fleiß selbst gewesen, und es kam der Abend von Mariä Lichtmess, wo noch einmal Spinnekoppel sein sollte, den Winter zu beschließen, denn: Lichtmess muss man die Wurst bei Tag ess', lautet das Sprichwort, und die Mutter sprach zur Tochter, als diese ihr Rädchen aufnahm, um fortzugehen: »Liebes Kind, heute ist ein Marientag, heute darf kein Kind ungehorsam gegen die Eltern sein, sonst straft es der Himmel also gleich, darum versprich mir, dass du heute nicht wieder bis nach Mitternacht ausbleibst, sondern vor Mitternacht heimkommst, und dass du heute nicht zum Tanze gehst, ich verlasse mich darauf.« Marie versprach mit nassen Augen, was ihre Mutter verlangte, und nahm ihr Rad und ging.

Es wurde sehr fleißig gesponnen, aber nun kamen die jungen Burschen und hatten im Wirtshause ein paar Prager Musikanten gefunden, das war etwas Neues, die mussten mit, und nun ging das Tanzen los. Marie wollte fort, wollte der alten Mutter Wort halten, allein die Burschen und die Mädchen ließen sie nicht fort, sie musste mit an den Reigen, die Spielleute pfiffen und fiedelten auch gar zu schön. Und als die Marie einmal im Tanzen war, da ging sie nimmer davon, da konnte die Alte lange warten, denn Tanzen war Mariens Wonne und ihr Glück.

Und da ging die Mitternachtsstunde vorüber, ehe sie es nur dachte, und als der lustige Kreis das Haus verließ, wurden die Mädchen mit Musik nach Hause gebracht und bekamen schöne Ständchen, das hallte gar lieblich durch die helle Mondnacht und die tiefe Stille. Da kamen sie auch am Kirchhof vorbei, dessen Tor offen stand, und stand eine alte Linde darauf, darunter war ein freier ebener Raum, und dahinein gingen die Tänzer und die Spielleute und begannen von neuem den Tanz. Erst schauerten und scheuten die Dirnen, dann folgten sie doch, halb gezwungen, und endlich auch Marie.

Die alte Mutter aber wartete daheim und weinte über ihr Kind, und da sie von weitem den Freudenschall hörte, dachte sie gleich, dabei werde die Marie nicht fehlen, und machte sich auf und kroch aus dem Häuschen, ihr Kind zu holen. Da sah sie nun zu ihrem Schreck und Zorn ihre Marie unter den Kirchhofspringern und rief ihr zu mit strengem Gebot, sogleich nach Hause zu folgen. Aber die Maid rief: »Ei Mutter, der Mond scheint ja noch so hell und schön! Geh nur hin, ich komme bald!« Da hob die Alte ihre beiden dürren Hände zum Himmel auf und schüttelte ihre grauen Haare, die ihr wild um das Haupt hingen, und schrie im wilden Grimme: »Ei, dass du Rabenkind im hellen Monde säßest fort und fort und hättest immer und ewig deine verfluchte Spinnekoppel droben oder beim Teufel und seiner Großmutter!«

Und wie die Alte diesen Fluch gesprochen, schlug sie hin und war tot, Marie aber behielt nicht Zeit zum Jammern und Klagen, samt ihrem Rädchen ward sie schnell entrückt hinauf in den Mond, da sitzt sie, da sinnt sie, da spinnt sie – wenn der Mond recht hell scheint, kann man sie gar deutlich sehen, und all ihr wunderzartes überfeines Gespinst, das streut sie vom Mond herab, zum Frühlingsbeginn, wenn die Spinnekoppeln enden, und im Herbst, wenn sie beginnen und die Abende länger werden, da führt es der Wind an hellen Tagen dahin und dorthin, und schwimmt weiß durch die Luft und zieht regenbogenfarbig glänzend von Strauch zu Strauch, von Blume zu Blume, und die Leute nennen es Marienfaden, Marienseide, fliegenden Sommer.

Das Schneeglöckchen

Es war einst ein langer, kalter Winter, und der Schnee wollte nicht schwinden. Unter der weißen Decke harrten ein paar Blumenkeime auf ein freundliches Augenzwinkern des Frühlings. Da ihnen die Zeit lang wurde, sprach einer zum anderen: »Horch, Brüderlein, ich möcht's versuchen, wie es draußen aussieht!« Sagte der andere: »Probier's, ich tu mit«

Also haben sie die Keimblätter hübsch zugespitzt, dass sie scharf wurden wie Pfeile und durch den Schnee schießen konnten. Dann versuchten sie's. Hat es sie auch nicht wenig gefroren bei der kalten Arbeit, so gelang es ihnen doch, und nach wenigen Stunden waren sie mit ihren Köpflein ans Tageslicht empor gedrungen. Der Schnee hatte ihnen alle Farbe weggeleckt, und sie waren weiß wie Leinen.

»Macht nichts!« sprach eines zum andern, und ließ sich keines seine Freude verderben. Darauf wiegten sie lustig die Krone hin und her, dass die Staubfäden wie Hämmerchen an die Wände schlugen und ein feiner Klang den Wald durchdrang. Das hörte der Winter und dachte sich: »Wird schon der Frühling eingeläutet! Jetzt ist es Zeit, dass du dich aus dem Staube machst. Dem jungen, leichtfertigen Kerl will ich aus dem Wege gehen; ich mag ihn nicht leiden!«

Da zog er seinen langen, weißen Schneemantel an sich und trollte sich seiner Wege. Der Frühling aber lauschte bereits hinter den Hecken und als er vortrat, galt sein erster Gruß den beiden Blumen, und er gab ihnen von nun an den Namen »Schneeglöckchen«, weil sie den Schnee weggeläutet hatten.

Quellenverzeichnis

Der goldene Schlüssel
Jacob u. Wilhelm Grimm, Kinder- und Hausmärchen, Ausgabe letzter Hand, Göttingen 1857

Vom Königreich der Sperlingsmenschen
Jugendbuchverlag Ernst Wunderlich, Leipzig 1958
Aus dem Japanischen übersetzt von Alfred Lichtwark

Hänsel und Gretel
Ludwig Bechstein, Deutsches Märchenbuch, Ausgabe letzter Hand, Leipzig 1857

Das graue Männchen
Carl u. Theodor Colshorn, Märchen und Sagen aus Hannover: Rümpler 1854

Der glückliche Prinz
Oscar Wilde, Werke in 5 Bänden, Deutsche Bibliothek 1922

Der Hase und der Fuchs
Ludwig Bechstein, Deutsches Märchenbuch, Ausgabe letzter Hand, Leipzig 1857

Die Sterntaler
Jacob u. Wilhelm Grimm, Kinder- und Hausmärchen, Ausgabe letzter Hand, Göttingen 1857

Frau Holle
Jacob u. Wilhelm Grimm, Kinder- und Hausmärchen, Ausgabe letzter Hand, Göttingen 1857

Der Schneemann
Hans Christian Andersen's Sämtliche Märchen, Einzige vom Verfasser besorgte deutsche Ausgabe, Leipzig: Ed. Wartig 1888

Von dem Sommer- und Wintergarten
Jacob u. Wilhelm Grimm, Kinder- und Hausmärchen, Berlin 1812/15

Das Sternenkind
Oscar Wilde, Werke in 5 Bänden, Deutsche Bibliothek 1922

Warum der Bär einen Stummelschwanz hat
Märchen aus Norwegen

Hasendämmerung
Hermann Löns, Der deutsche Spielmann, Winter, München 1922

Vom langen Winter
Heinrich Pröhle, Kinder- und Volksmärchen, Leipzig 1853

Die Wichtelmänner, erstes Märchen
Jacob u. Wilhelm Grimm, Kinder- und Hausmärchen, Ausgabe letzter Hand, Göttingen 1857

Das Waldkind
Sagen und Märchen aus Thüringen, Altberliner Verlag Lucie Groszer, Berlin 1957

Die Geschichte vom Tannenbäumchen
Luise Büchner, Weihnachtsmärchen für Kinder, sechste Erzählung

Sankt Nikolaus in Not
Felix Timmermans, Sankt Nikolaus in Not. Und andere Erzählungen, Insel Verlag Leipzig 1923

Das Weihnachtsgeschenk
Johann Georg Theodor Grässe, Der Sagenschatz des Königreichs Sachsen, 2.Aufl., Dresden 1874

Weihnachtsmärchen
Heinrich Pröhle, Kinder- und Volksmärchen, Leipzig 1853

Das Geschenk der Weisen
O'Henry / William Sydney Porter

Die Trolle und der Wichteljunge
Alfred Smedberg, Aus der Welt der Kobolde und Trolle, Göteborg 1919

Der Tannenbaum
Hans Christian Andersen's Sämtliche Märchen, Einzige vom Verfasser besorgte deutsche Ausgabe, Leipzig: Ed. Wartig 1888

Zwölfe mit der Post
Hans Christian Andersen's Sämtliche Märchen, Einzige vom Verfasser besorgte deutsche Ausgabe, Leipzig: Ed. Wartig 1888

Die getreue Alte
Ludwig Bechstein, Deutsches Sagenbuch, Leipzig 1853

Wohlgetan und schlecht gelohnt
Märchen aus Norwegen

Die drei Männlein im Walde
Jacob u. Wilhelm Grimm, Kinder- und Hausmärchen, Ausgabe letzter Hand, Göttingen 1857

Der harte Winter
Wilhelm Busch, Ut oler Welt, Volksmärchen, Sagen, Volkslieder und Reime, München 1810

Katze und Maus in Gesellschaft
Jacob u. Wilhelm Grimm, Kinder- und Hausmärchen, Ausgabe letzter Hand, Göttingen 1857

Der selbstsüchtige Riese
Oscar Wilde, Werke in 5 Bänden, Deutsche Bibliothek 1922

Das goldene Kegelspiel
Johann Georg Theodor Grässe, Der Sagenschatz des Königreichs Sachsen, 2. Aufl., Dresden 1874

Das Posthorn
Ernst Meier, Deutsche Volksmärchen aus Schwaben, Stuttgart 1852

Schneeweißchen und Rosenrot
Jacob u. Wilhelm Grimm, Kinder- und Hausmärchen, Ausgabe letzter Hand, Göttingen 1857

Die Spinnerin im Mond
Ludwig Bechstein, Deutsches Sagenbuch, Leipzig 1853

Das Schneeglöckchen
Anton Forsteneichner, Der deutsche Spielmann, Winter, München 1922